អនាគត

ពិព័រណ៍ស្នាដៃសិល្បៈ

# VISIONS OF THE FUTURE

An Exhibition of Contemporary Cambodian Art

រេយំ

REYUM

PUBLISHING

ផ្ទះលេខ ៤៧ ផ្លូវលេខ ១៧៨, ប្រអប់សំបុត្រលេខ ២៤៣៨ ភ្នំពេញ
ទូរស័ព្ទ-ទូរសារលេខ ០២៣ ២១៧ ១៤៩
N°47, Street 178, P.O. Box 2438 Phnom Penh, Cambodia
Tel / Fax: 023 217 149, E-mail: reyum@camnet.com.kh
Website: www.reyum.org

និពន្ធនាយក
លី ដារាវុធ និង អាំងគ្រីដ មូអាន់

ជំនួយការនិពន្ធ
ព្រាប ចាន់ម៉ារ៉ា, សាន ផល្លា

ក្រុមបច្ចេកទេស និងការងារផ្សេងៗ
វ៉ាន់ ចាន់វង្សា, ឈន សុវណ្ណារ៉ា, វ៉ាន់ សុវណ្ណនី

រៀបចំសៀវភៅនិងចោះពុម្ពផ្សាយដោយ រ៉េយ៉ំ

ចោះពុម្ពនៅភ្នំពេញ

លេខ ISBN 1-58886-042-6

ចោះពុម្ពលើកទី១, ភ្នំពេញ ឆ្នាំ២០០២ រក្សាសិទ្ធ, រ៉េយ៉ំ ២០០២

**Curators / Editors:**
Ly Daravuth
Ingrid Muan

**Writing assistance**
Preap Chanmara, San Phalla

**Technical assistance**
Van Sovanny, Chhorn Sovannara, Van Chanratha

**Published by**
Reyum Publishing

**Printed in Cambodia**

ISBN 1-58886-042-6

Copyright / All rights reserved, 2002
First edition, December 2002 Phnom Penh, Cambodia

មាតិកា

អារម្ភកថា
ទំព័រលេខ ១

ថ្ងៃទាំងមូលទៅជាយ៉ាងណា ?
ដោយអ្នកស្រីបណ្ឌិតអាស៊្លី ថមសុន
ទំព័រលេខ ៣

បញ្ជីស្នាដៃ
ទំព័រលេខ ៧

បញ្ជីសិល្បករ
ទំព័រលេខ ៨១

# Contents

Introduction
*page 1*

Dancing on Death
*by Ashley Thompson*
*page 3*

Art Work
*page 7*

Artists
*page 81*

# អារម្ភកថា

តាំងពីបានបង្កើតឡើងមក វៃយំមានទស្សនៈមូលដ្ឋានមួយ គឺផ្តល់រេវិកាឲ្យសិល្បករ, អ្នកសរសេរជារៀវ ឬសិស្ស ដើម្បីបញ្ចេញនិងផ្សាយប្ញូរគំនិតអំពីសិល្បៈនិងវប្បធម៌ខ្មែរ។ មកដល់ថ្ងៃនេះ វៃយំនៅតែខិតខំព្យាយាមជំហានេះ ងពិតរណ៍និងសៀវភៅ "អនាគត" ក៏ស្ថិតនៅក្នុងជំហានោះដែរ ពោលគឺវៃយំបានផ្តល់ឱកាសឲ្យសិល្បករជើសរើសប្រធានបទដើម្បីផ្តើតពិតរណ៍ដោយខ្លួនឯង។ មិនតែប៉ុណ្ណោះ ក្រៅពីផ្ទាំងគំនូរសិល្បករនីមួយៗបានសរសេរអត្ថបទបញ្ជាក់គំនិតផ្ទាល់ខ្លួនរបស់គេ។ ម្យ៉ាងទៀតដើម្បីឲ្យមានការយល់ឃើញបានទូលំទូលាយ វៃយំបានអញ្ជើញអ្នកស្រីបណ្ឌិតអាស្ស៊ី ចមសុខ ផ្តល់ការរិះគិននិងអត្ថាធិប្បាយអំពីស្នាដៃនិងប្រធានបទនៃពិតរណ៍ "អនាគត" នេះ។

និយាយអំពី "អនាគត" គឺមានការសម្លឹងមើលទៅមុខ (ឬថ្ងៃក្រោយ)។ បើយើងពិនិត្យមើលស្នាដៃទូទៅដែលសិល្បករបានបង្កើត យើងឃើញថាការគិតគូរអំពីអនាគតរបស់គេ ពុំសូវមានសេចក្តីសង្ឃឹមឡើយ ផ្ទុយទៅវិញមានតែការព្រួយបារម្ភអំពីផលវិបាកដែលអាចកើតឡើងដល់ស្រុកខ្មែរនាថ្ងៃមុខ ដូចជា ការបាត់បង់ទឹកដី, ការហិនហោចបរិស្ថាន, វប្បធម៌ និងសន្តិមូទូទៅ។ល។ តើនេះមានន័យថា អនាគតគ្មានក្តីសង្ឃឹមឬ? តើមនុស្សលោកអាចរស់នៅដោយគ្មានក្តីសង្ឃឹមបានទេ? ចម្លើយរបស់សិល្បករទាំងប៉ុន្មានបង្ហាញពីគំនិតផ្ទាល់របស់គេ តែក៏បញ្ចេញអំពីទិដ្ឋភាពនៅក្នុងស្រុកខ្មែរសព្វថ្ងៃទៅដែរ ពោលគឺពិតជាគ្មានផ្លែកទៅលើអ្វីជាគោល ដូចមានពាក្យថា៖ "គ្មានកោះគ្មានត្រើយ"។ ចំពោះវៃយំគ្មានក្តីសង្ឃឹមអ្វីជំទុះទេ មានតែការជឿជាក់ថា ការផ្តល់ឱកាសឲ្យសិល្បករបញ្ចេញគំនិតអំពីអនាគត គឺរួមចំណែកក្នុងការកសាងអនាគតនេះតែម្តង។

យើងសូមថ្លែងអំណរគុណដល់សិល្បករទាំងអស់ដែលបានចូលរួមបញ្ចេញគំនិត និងបញ្ចេញស្នាដៃសម្រាប់ការតាំងពិតរណ៍នេះ ព្រមទាំងអ្នកស្រីបណ្ឌិតអាស្ស៊ី ចមសុខ និងលោកស៊ីយ៉ុន សុការិទ្ធ ដែលបានយល់ព្រមរួមចំណែកនៅក្នុងកិច្ចការនេះ។

ជាទីបញ្ចប់យើងសូមថ្លែងអំណរគុណដ៏ជ្រាលជ្រៅដល់អ្នកស្រី ជេរី និងលោក ចន យុនស្តាធ័រ ព្រមទាំងមូលនិធិគ្រួសារ អាល់ប៊ែរយុនស្តាធ័រ និងមូលនិធិកាស៊ីម៉ីស្ស៊ី ដែលជានិច្ចកាលតាំទ្រនិងជួយឧបត្ថម្ភវៃយំ។

ប្រធានវៃយំ
លី ដារាវុធ និង អ៊ិនគ្រីដ មួអាន់

# INTRODUCTION

About nine months ago, Reyum decided to organise an exhibition of new art work. We called a meeting and invited as many artists as we knew to attend. From that meeting and several subsequent ones, the artists as a group decided to take the theme of "the future" for the exhibition. Other than stipulating this theme, no other limitations were set on the work and we exhibit here what was produced in largely unedited form. As the work developed and the exhibition took shape, we decided to ask Dr. Ashley Thompson to write a brief reflective essay on our project. Here we offer her essay along with examples of most of the work in our exhibition. Short statements by the individual artists accompany the illustrations of their work, and we have left these statements virtually unchanged, simply translating them into English.

Hope seems necessary in order to imagine a future. We hope that things will continue. We imagine that we will stay alive. We hope that those we love will continue with us. We hope that we will be able to do the things that we want to do. We plan, we envision, we hope. But reality - particularly reality in Phnom Penh today - does not always seem to encourage such hope, and working on this exhibition has been a melancholy affair. Many of the pictures in the exhibition testify to quite dire views of the present, and offer little hope for a better future. Environmental destruction, corruption, oppression, hopelessness…these are all on display here. But hope is hard to kill. It creeps back into even the most disillusioned perspectives, cajoling and seducing us to think that tomorrow will be different. And so we offer this exhibition in the name of hope that still lingers, for us, for Cambodia, for the future.

This exhibition was funded with the generous support of the Albert Kunstadter Family Foundation and the Kasumisou Foundation. We would like to thank all the artists along with Ashley Thompson, Siyonn Sophearith, and the staff of Reyum for their work on this exhibition.

Ly Daravuth and Ingrid Muan<br>
Co-directors, Reyum Institute of Arts and Culture

# Dancing on Death

*Ashley Thompson*

While we carry on, knowing numbly that war rages here or there, in our minds or pasts or on the horizon, someone sets up a canvas, picks up a paintbrush and in a stroke begins to stop time. It is a crazy idea, as if one could capture in paint something that is not a thing at all, but movement, transformation, passage. In this sense, representation, as an irreducible dimension of all art (including so-called non-representational art, which can never shake its representational heritage, and can always be seen to represent the non-representable), is a mad but magical enterprise. Even aniconic art is "iconoclastic" insofar as it can only strive to arrest in time and space the Impregnable or the ineffable itself. And so it is hardly a surprise that so many religious doctrines have forbidden certain forms of representation as blasphemy (early Buddhist traditions, as well as the Bible…). And yet, if it merits interdiction, art must represent a true threat: structurally speaking, only a menace can be forbidden. So art can not help holding out the chance of actually capturing the passage. The most explicit example of this is perhaps Monet's innumerable attempts to capture the Rouen cathedral, an "object" which is constantly changing - in passage - with the ever-changing lighting conditions. That the subject in this case should be a "religious object" is certainly significant, but the challenge remains the same with any painting, from the still-life to the portrait. Observing and creating, the artist defies the simple divisions between past, present and future, and in art, as in the dharma itself, the descriptive is simultaneously prescriptive. In this sense, the representational process brings about the very future to which it seems to point.

"Visions of the Future": this was the theme chosen at the outset of this collective project by the artists pictured here. If painting is always already in some fundamental way painting the future, the challenge these artists set themselves, then, is a self-reflective one, concerning art itself, and the role of the artist in the here and now: exhibiting and shoring up the death-defying power of the powerless which art represents. Describing what is, once again, will always be prescribing what may be. Here and now: a dizzy-spinning earth in 2002. As war rages on the horizon, past and future, East and West. War can never be circumscribed, it can never be surgical: it is forever producing unforeseen fallout, and this is one of art's lessons.

However, experience - the artist's or the observer's - remains in diversely complex ways unique. And the paintings included here are, to my eyes, unmistakably products of a unique time and place. A deadly threat to the genocidal regime, art was outlawed under the Khmer Rouge close to thirty years ago. In the immediate aftermath of war, artistic expression was highly controlled, promoted and manipulated. Apparently reaching its end, this terrible time of death and destruction has left a complex legacy, in which conformism and fear mingle with cynicism, courage, anger, nostalgia, naiveté and hope in an extraordinary culture of survival. In its very self-consciousness, "Visions of the Future" testifies to a contemporary renaissance in artistic expression as an important embodiment of a generalized post-war struggle for affirmation. That in itself is a sign of the inevitably political implications of art. I do not however mean to suggest that historical analysis will ever allow for the construction of a seamless totalizing conception of contemporary Khmer art. How might we, for example, begin to reconcile the diversity of styles exhibited here? Contrasts are stark between French-schooled renditions of Khmer temples, landscapes reminiscent of 19th-century European masters, traditional Khmer-Thai ornamental forms, pointillist muted critique, Soviet-style social realism... and the list continues. History may account for this surprising 21st-century mosaic where renditions of the indigenous traditional meet the avant-garde long past in other worlds. But the renaissance to which this exhibit attests is not a singular conceptual movement; in fact, if there is a singularity to be found in this collection, beyond the thematic command, it is its uninhibited diversity of style. Originality takes on particular meaning in this context. In classical Brahmanic or Buddhist art, reproduction of an original - an icon or a style - serves to reactualize here and now a certain original construct of truth or glory, power, faith or compassion. Yet contemporary Khmer art simultaneously references modern secular largely Western-derived artistic traditions in that the adoption of style can bring the artist to personal expression - that is to originality in another sense. The perseverance of individual artists, as of Reyum, in expressing and so creating a very real space of expression in Cambodia, but navigating between an inside and an outside - that is between the personal and the communal as well as between Cambodia and the world - must not be underestimated in this historic process.

"What will tomorrow bring?" If I were to choose a single emblem for this exhibition, it would be this painting of a woman dancing on Death. The icons are well known, an apsara and Preah Kal (traditionally called Rahu), God of Death and Time. Death here does not represent an end. It is Time as a threat of Death but also leading to the after-death, the new life blossoming from the demon's mouth. Dancing on the demon head is accordingly not simply triumphing over death, but bringing death to bear life. Is this painting a question or an answer? The answer comes, it would seem, in the asking. Past becomes future in the dancing as in its painting.

"Visions of the Future" is in fact largely composed of images not of an abstract imagined future but of the past and present. The reactualization of the icon is a driving force through much of the exhibition. There are the other staid icons of the past: the four-faced tower temple, King Jayavarman VII, mother with child, the water jar. Nostalgia appears inseparable here from the imagination of cultural and national integrity precariously hanging in the tension between renewal of tradition in exchange with outside worlds and traditionalist, nationalist, even xenophobic closure. Khun Sovanarith's paired images of the four-faced tower temple run this full gamut, as the sandstone blocks of the bright familiar image of the future built on a rediscovered glorious and benevolent past break down into a cubist array of disarray. The dove, this borrowed icon of peace, evokes another forward-looking nostalgia for an up-and-coming time nurtured by if not exploiting the patterns of the past: perched on a branch before ancient temples, these other forms of the national flag flying overhead, or on the hand of a woman framed in a modernist rendition of traditional ornamental swirls. And there is also the passage through war - the foregrounded blood-spattered cloth, the background explosions and skulls. We see here the icon still in the making, as war is symbolized: crystallized, contained and made legible. Through a shared lexicon, painter and viewer remember to forget and move ahead.

Images of the present beg the question of the future. There is the portrait of the mourning child, whose future is implicitly framed by the recessed frames of her deceased parents, the amputee mother whose worries strike the viewer in the rigid lines, blocks and distinct colors of the cubist style, and the utterly realistic family whose water jar disappears under the rising floods. Environmental destruction today paints a bleak picture of the future with the dark stumps of a landscape encroaching upon us, or parched red cracked futuristic earth bursting to the edges of a frame. The hyper-realism of the disembodied gnarled bulging thickly painted hand pushes to the extreme the forthright documentary aspect of many of these paintings. Pulling off the dark to reveal the light, the hand is that of the painter himself, doing - resisting and revealing - in the very act of observing.

These are my visions of course, a few things I see when I stop to look, and which set me going, refreshed. Many many thanks to Reyum.

One last note: Visions of the future is not only about Cambodia's future. A number of the paintings, "Morning," "Earth," "The Peaceful World," "The Mystery," for example, would seem to break the bonds of a nation to speak to another future - a post-modern post-nationalist future. Not that these are free of ideology, not that they are without some hint of nostalgia, not that these are purely free. Breaking out of the immediately self-referential, each is nonetheless engaged in a certain search for purity or truth. In some of these the search ultimately replaces the representation of a given object with that of the representational process itself. We see the scratches on the canvas before we see the earth, we see the light before the morning, the painted swirl on silk before the figure of the snail. This self-consciousness which moves beyond the cultural self-referent tied to the modern nation-state strikes me as an essential and promising part of any portrait we might paint of Cambodia today.

So how do we see the future here? In the making.

*Ashley Thompson is a specialist of Cambodian cultural history and teaches at the University of California, Berkeley.*

ថ្ងៃទាន់មុខទៅជាយ៉ាងណា ?

ដោយអ្នកស្រីបណ្ឌិតអាស៊ី ថមសុន
ប្រែសម្រួលនិងសង្ខេបដោយ ស៊ីយ៉ុន សុកាវិទូ

ពិព័រណ៍គំនូរនេះកើតពីនិត្យរបស់សិល្បករដែលបានមូលមតិគ្នាជ្រើសរើសប្រធានបទមួយមានចំណង ជើងថា "អនាគត"។ បើពិនិត្យទៅលើផ្ទាំងគំនូរក្នុងពិព័រណ៍នេះ យើងអាចបែងចែកជាច្រើនផ្នែក ពោលគឺអនាគតនៃ ក្រុមគ្រួសារ សន្តិ ស្រុក ហូតទៅដល់អនាគតនៃសកលលោកទាំងមូល។ ហើយអនាគតសំខាន់ជាងនេះទៀតគឺ អនាគតនៃសិល្បៈតែមួង។

យើងត្រូវយល់ថាសិល្បៈជាទូទៅជាប់ទាក់ទិនស្រេចទៅហើយជាមួយអនាគត។ កាលថ្ងៃយើងជាមនុស្ស សាមញ្ញពុំសូវមានពេលយកវៀណាដែលមិនមែនជារឿងផ្ទាល់ខ្លួនមកពិចារណាឲបានល្អិតល្អន់ទេ។ រវិចិត្រករ

វិញ្ញ គាត់វែែនពិនិត្យពិចារណាដោយយកចិត្តទុកដាក់ទៅលើប្រធានបទនៃគំនូរនីមួយៗ។ គំនូរហាក់ដូចជាបាន បញ្ចប់ពេលវេលាកុំឲ្យធ្វើដំណើរ ដែលធម្មតាគ្មាននរណាអាចយាត់ពេលវេលាឲ្យនៅស្ងៀមបាននោះទេ។ ទន្ទឹម គ្នានេះគំនូរក៏នាំយើងជាអ្នកទស្សនាបែបបកចាប់អារម្មណ៍អ្វីដែលនៅជុំវិញខ្លួន។ ក្នុងន័យនេះសិល្បៈមានឥទ្ធិពល ខ្លាំងណាស់លើសន្តម្។ ទោះបីជាតួអំពីអ្វីដែលកើតឡើង ឬមិនទាន់កើតឡើងក្ដី សិល្បៈមានន័យជាប់ជានិច្ច ជាមួយអនាគត។

        កាលពីសម័យបុរាណ គេបិទសិទ្ធសិល្បករ។ ក្រោយរបបនោះបន្តិច សិទ្ធរបស់សិល្បករត្រូវតែដាក់ កម្រិត។ តាមមើលទៅការបំបិទសិទ្ធរបស់សិល្បករហាក់ដូចជាសល់ជីបពុំពាប់ហើយ។ តែយ៉ាងណាក៏ដោយមិនថា សិល្បករ ឬប្រជាជនទូទៅទេ ទាំងអស់គ្នាសុទ្ធតែបានឆ្លងកាត់របបសែនរន្ធត់ទាំងនោះ។ របបទាំងនោះបានបន្សល់ ទុកពីសោធន៍លើងដូចជាប្រើនក្នុងចិត្តមនុស្សម្នាក់ៗ។ ពិព័រណ៍នេះជាកន្លែងមួយបង្ហាញពីការតស៊ូចេញពីស្ថាន ការណ៍ទាំងនោះ ហើយក៏ជាយានមួយនៃការតស៊ូទៀតដោយជួយជម្រុញឲ្យយើងចាប់គិត ចាប់ពិចារណាអំពីជីវិត។

        តាមរយៈពិព័រណ៍គំនូរនេះ យើងអាចយល់បានថាសិល្បករខ្មែរសព្វថ្ងៃប្រើស៊ីលក្រើនបែបច្រើនយ៉ាងដូច ជាគំនូរចារសាទបុរាណខ្មែរ គំនូរទេសភាពតាមរបៀបអឺរ៉ុបរាសវត្សទី១៩ គំនូរក្បាច់ភ្លុ គំនូរជាចំនុចតូចៗ (Pointillism) និងរបៀបគូរតាមបែបសូរៀន ។ល។ ចំពោះសិល្បៈខ្មែរបុរាណដែលជាប្រភពមួយសំខាន់ចំពោះ សិល្បៈខ្មែរសព្វថ្ងៃ សិល្បករមិនបង្កើតរូបទៅតាមចិត្តរបស់ខ្លួនទេ។ ផ្ទុយទៅវិញ បើកសាន្សរូបដូមួយ គេ ត្រូវប្រើប្រាស់យ៉ាងណាឲ្យដូចជាលក្ខណៈដើម ដើម្បីឲ្យភាពសក្តិសិទ្ធស្ថិតនៅក្នុងរូបនោះ។ រីឯសិល្បករខ្មែរសព្វ ថ្ងៃ មិនមែនត្រឹមតែបន្តមកពីខ្មែរបុរាណទេ ពួកគាត់ចាប់យកគំនិតថ្មីមកបន្ថែមទៀត ដោយយកគំនិតផ្សេៗមកពីខាង ក្រៅ។ ចំនុចមួយសំខាន់នៅក្នុងឥទ្ធិពលទទួលមកពីខាងក្រៅនោះ គឺការបញ្ចេញនូវគំនិតផ្ទាល់របស់ខ្លួន ដោយមិន ធ្វើតាមតែគូរដែលមានស្រាប់។ ខ្ញុំសូមសរសើរវែយើងដែលបានចូលរួមចំណែកធ្វើឲ្យសិល្បៈរស់ឡើងវិញ និងចម្រើន ទៅមុខ ដោយយកប្រភពទាំងពីរនេះមកផ្ដុំជាមូលដ្ឋានីមាំចំពោះសិល្បៈសម័យថ្មីរាសវត្សទី២១របស់យើង។

        ប្រសិនបើតេឲ្យខ្ញុំជ្រើសរើសយកឧទាហរណ៍មួយមកតំណាងឲ្យពិព័រណ៍ទាំងមូល ខ្ញុំនឹងជ្រើសរើសយកគំនូរ ទេពអប្សររាំលើក្បាលរាហ៊ូ (ឬហៅថាព្រះរាហូ)។ រូបនេះកើតចេញពីសំនួរថា "តើខាងមុខទៅជាយ៉ាងណា?" ដែលជាលេខនៃគំនូរនេះតែម្ដង។ រាហូ ព្រះរាហូជាទេពនៃសេចក្ដីស្លាប់ផុស និងពេលវេលាផុស។ សេចក្ដីស្លាប់ ដែលលើកមកបង្ហាញនេះ មិនមែនមានន័យថាចប់ ឬស្លាប់បាត់នោះទេ។ ផ្ទុយទៅវិញសេចក្ដីស្លាប់នាំឲ្យកើតជីវិតថ្មី ហើយជីវិតថ្មីនោះ កើតចេញមកពីរាហូតែមួន។ កំណើតនេះមិនមែន កើតដោយឯងទេ តែមានគេបំបង្កើត នៅក្នុងគំនូរនេះ ទេពអប្សររាំជាអ្នកបង្កើតកំណើតថ្មីដែលប្រៀបបានទៅនឹងវិចិត្រករ។ ចំពោះសំនួរដែលវិចិត្រករ បាន លើកឡើងមកថា"តើខាងមុខទៅជាយ៉ាងណា ?" ហាក់ដូចជាបានឆ្លើយរួចទៅហើយតាមរយៈរូបនេះ។ គំនូរ ទេពអប្សររាំនេះបង្ហាញពីការធ្វើអតីតឲ្យទៅជាអនាគត។

6

បច្ចុប្បន្ន

ART WORK

ឃុន សុវណ្ណារិទ្ធ    KHUN Sovanrith

## ក្ដីសង្ឃឹមរបស់ក្មេង

កុមារភាគច្រើនតែងមានបំណងចង់មានចំណេះដឹងខ្ពង់ខ្ពស់នៅពេលខ្លួនធំឡើង ដែលអាចឱ្យគេមើលឃើញអ្វីៗនៅជុំវិញខ្លួន ជាពិសេសគឺពិភពលោកទាំងមូល។ នៅក្នុងរូបនេះគឺចង់បង្ហាញឱ្យឃើញនូវជីវិតដ៏ស្រស់ថ្លា និងក្ដីសង្ឃឹម សប្បាយរីករាយ ដែលពួកគេចង់រស់ក្រោមដំបូលដែលមានព្រហ្មវិហារធម៌ និងភាពសុខស្ងប់ស្ងាត់គ្មានសង្គ្រាមហើយ ជីវិតស្រស់ថ្លាដូចធម្មជាតិដែលត្រូវទឹកសន្សើម ព្រមជាមួយពន្លឺដ៏ទន់នាពេលព្រឹកព្រលឹម។ រូបព្រហ្ម តំណាង ព្រហ្មវិហារធម៌ទាំងបួនមាន មេត្តា គឺការស្រឡាញ់រាប់អាន។ ករុណា គឺការអាណិតអាសូរដល់មនុស្ស សត្វ ដែលមានជីវិតនៅលើផែនដី។ មុទិតា គឺការអបអរសាទរនឹងរីករាយស្មរមន។ ឧបេក្ខា មានវ័យចាមិនលម្អៀង។ កុមារកុមារីលើថ្ម បញ្ជាក់ពីភាពក្លាហាន វឹងមាំ ហើយជឿជាក់ខ្លួនឯង។ រូបភាពទាំងមូលដែលមានភាព ភ្លឺច្បាស់ចង់បញ្ជាក់ថាជាភាពភ្លឺស្វាងនៃជីវិតរបស់កុមារ។

## THE HOPE OF THE YOUNG

Most children have the goal of being intelligent when they grow up. They hope that they will know things and be able to understand both what is around them and things far away, especially things about the world as a whole. In this picture I want to show the fresh clarity of such young lives, their hope and happiness at wanting to live under the shelter of virtue, in peace with no war. The freshness of their lives is like nature at the first dew when the gentle light of dawn appears. The face of Preah Brum stands for the four noble precepts: to love one another, to pity and hold compassion for other humans and animals who live on the earth with us, to have joy for other's happiness and good fortune, and to be truthful and sincere. The boy and girl in my painting stand on the stones, showing their bravery and firmness, the clarity of their belief in themselves. The light infusing my picture wants to show the bright light of the life of children.

គំនូរពណ៌ប្រេង លើក្រណាត់ ទំហំ ៦០ × ៦០ ស.ម Oil on canvas, 60 x 60 cm.

ឃុន សុវណ្ណារិទ្ធ    KHUN Sovanrith

## គំនិតរបស់មនុស្សចាស់

មនុស្សចាស់គិតពីអនាគតតែងឃើញតែសេចក្តីអាប់អួរ។ រូបភាពខ្មៅងងឹតមើលមិនយល់ នៅសងខាងមានរូបមុខព្រះព្រហ្មទីរ បែរទៅរកផ្ទៃមេឃដែលហាក់ដូចជាភ្លឺ ហើយហាក់ដូចជាងងឹត។ ខ្ញុំចង់បង្ហាញថា អនាគតរបស់មនុស្សចាស់មានតែការមើលមិនយល់ គឺថ្ងៃនេះខ្ញុំជាអ្វី? ចុះថ្ងៃស្អែក និងអនាគតយ៉ាងណាដែរ។ ក្តីសង្ឃឹមនិងអស់សង្ឃឹមស្ថិតនៅក្នុងភាពមិនច្បាស់លាស់ ហើយអ្វីៗទាំងអស់រាំហាក់ដូចជាគ្របដណ្តប់ទៅដោយផ្ទាំងសំពត់ខ្មៅ។

### THE THOUGHTS OF THE ELDERS

When older people think of the future, they only see things unclearly. It seems like a dark picture which is virtually illegible and incomprehensible. On both sides of my picture there is the face of Preah Brum, turned to seek a sky which seems both light and dark. I want to show that the future for older people is uncertain, not clear, hard to understand. What am I today? What will I be tomorrow? How will my future unfold? Hope and hopelessness mingle uncertainly and everything is as if covered with a black cloth.

គំនូរពណ៌ប្រេង លើក្រណាត់ ទំហំ ៦០ × ៦០ ស.ម    Oil on canvas, 60 x 60 cm.

ចន្ទ ឡៃហេង    CHAN Lay Heng

## ខ្ញុំឃើញ ខ្ញុំគិត... ចុះអ្នក ?

សព្វថ្ងៃខ្ញុំមានវ័យចំណាស់ទៅហើយ ខ្ញុំសង្កេតឃើញថាអ្វីៗទាំងឡាយនៅក្នុងស្រុកខ្មែរហាក់ដូចជាប្រែប្រួលយ៉ាងខ្លាំងតាំងពីធម្មជាតិ មនុស្ស សត្វទាំងពួង។ ទឹកដីក៏ចេះតែបាត់បង់ហូរហែ ព្រៃព្រឹក្សា និងសត្វធាតុទាំងឡាយក៏ហិនហោច។ អ្វីទាំងនេះធ្វើឱ្យខ្ញុំព្រួយបារម្ភ ហើយខ្ញុំសញ្ជឹងគិតដ៏វែងឆ្ងាយទៅថ្ងៃអនាគតថា តើស្រុកទេសរបស់ខ្ញុំនឹងទៅជាយ៉ាងណា ?

### I SEE, I THINK... AND YOU ?

Now I am old already. I see that everything in Cambodia today is changing very much: the environment, the people, the animals. Our land disappears. The forests and the animals are all destroyed. This makes me worry. When I ponder the future, I wonder what will happen to my country?

គំនូរពណ៌ប្រេង លើក្រណាត់ ទំហំ ១០០ × ១២៣ ស.ម		Oil on canvas, 100 x 123 cm.

ចន្ទ ឡៃហេង   CHAN Lay Heng

## កុំដាស់អ្នកដែលដេកមិនលក់

មនុស្សមានវិញ្ញាណប្រាំសម្រាប់ទ្រទ្រង់ការរស់នៅរបស់មនុស្ស ហើយវិញ្ញាណប្រាំមានមុខនាទីរៀងខ្លួន។ គ្មាននរណាម្នាក់ចង់បាត់បង់វិញ្ញាណណាមួយឡើយ ហើយគ្មានវិញ្ញាណណាអាចជំនួសគ្នាបានទេ។ ចក្ខុមានមុខងារសម្រាប់មើល អណ្តាតនិងមាត់មានមុខងារសម្រាប់និយាយ ឬបរិភោគអាហារ ត្រចៀកសម្រាប់ស្តាប់ ស្របតាមធម្មជាតិដែលបានបង្កើតឡើង។ តែដួយទៅវិញក្នុងកាល:ទេស:ខ្លះមានភ្នែកមិនអាចមើល មានត្រចៀកមិនអាចស្តាប់ មានមាត់មិនអាចនិយាយ ហើយរឿងខ្លះទៀតមានភ្នែកមិនចង់មើល មានត្រចៀកមិនចង់ស្តាប់ មានមាត់មិនចង់និយាយ ហូតដល់មនុស្សទាំងនោះក្លាយទៅជាមនុស្សរុក្ខជាតិ មិនដឹងខុសមិនដឹងត្រូវ មិនស្គាល់សបុខ្មៅ យកខ្វេវជាត្រង់ ដូច្នោះមួយពោលថា "កុំដាស់អ្នកដែលដេកមិនលក់ កុំប្រាប់អ្នកដែលមិនចង់ស្តាប់ កុំបង្ហាញអ្នកដែលមិនចង់មើល កុំបិទមាត់អ្នកដែលមិនចង់និយាយ"។

### DON'T WAKE THOSE WHO AREN'T SLEEPING

People have five senses, each of which has a certain purpose to help them live in the world. No one wants to lose any one of these senses, and no one sense can substitute for or replace another one. The eyes are for seeing; the tongue and the mouth are for speaking, eating, and tasting; the ears are for hearing... each sense as nature has created it. In some circumstances however, eyes cannot see, ears cannot hear, and mouths cannot speak. There are some things that eyes do not want to see, ears do not what to hear, and mouths do not want to speak... all the way until people become like vegetables, not knowing right from wrong or white from black. They take ignorance to be intelligence. It is like the saying "don't wake those who aren't sleeping, don't tell those who don't want to listen, don't show the person who doesn't want to see, don't shut the mouth of those who don't want to speak".

គំនូរពណ៌ប្រេង លើក្រណាត់ ទំហំ ៥៦ × ៨០ ស.ម  Oil on canvas, 56 x 80 cm.

ចន្ទ វិឋារិន្ទ    CHAN Vitharin

## ភាពផ្ទុយ

ផែនដីនែនតែវិលជុំវិញខ្លួនឯងនិងព្រះអាទិត្យដើម្បីផ្លាស់ប្ដូរពេលវេលាពីមួយថ្ងៃទៅមួយថ្ងៃ ពីមួយឆ្នាំទៅមួយឆ្នាំមិន ដែលដើរថយក្រោយមួយនាទីណា ហើយក៏គ្មានឥទ្ធិពលអ្វីទៅរារាំងមិនឲ្យផែនដីកិលទៅមុខបានឡើយ។ ចំណែក មនុស្សវិញតាមទស្សនៈរបស់ព្រះពុទ្ធគឺ កើត ចាស់ ឈឺ ស្លាប់ ជារឿងធម្មតារបស់សត្វលោកដែលមិនអាច យាត់យាំងបាន។ ប៉ុន្តែការវិរេចម្រើន ឬវិរលត្បិនសន្តុមគឺបានមកពីឥទ្ធិរបស់មនុស្ស ហើយមិនអាចបិទបាំងបាន ឡើយ ដូចពាក្យចាស់លោកថា ដំរីស្លាប់កុំយកចង្អេរទៅបាំង។ យ៉ាងណាមិញភាពផ្ទុយ ដែលជាចំណងជើននៃផ្ទាំង គំនូររួយនេះ គឺចង់និយាយប្រាប់ឲ្យឃើញថា ការពិតនៅតែជាការពិត ទោះបីជាយើងអាចភូតគេបានមែន តែយើង មិនអាចភូតខ្លួនឯងបានឡើយ។ ដូច្នេះការដើរទៅមុខឬថយក្រោយ គឺយើងដឹនយ៉ាងច្បាស់ដោយគ្មានស្រពិច ស្រពិល។ តើការនិយាយត្រន់ច្បាប់អំពីការពិត ជារឿងអាម៉ាស់ឬ? ហេតុអ្វីបានជាមិនបន្ហាញប្រាប់ការពិតដើម្បី វិនិច្ឆ័យ និងរកវិធីរួមគ្នាឆានទៅរកការរីកចម្រើន ឬមួយមានបំណងចង់ដើរថយក្រោយ?
ដូច្នេះកាលដែលយើងលើកយកផ្ទាំងរបភាពនេះមកបន្ហាញ គឺចន់និយាយពីទស្សនៈវិស័យមួយជ្រុនដែលខ្ញុំឃើញថា កំពុនតែដើរប្រាសនឹនការពិត។ នេះក្នុងគោលបំណងចន់មានគំនិតនាំគ្នារកការពិត ដើម្បីរកមូលហេតុដែលដើរ ថយក្រោយ ហើយក៏ជាតិកាសអាចឈានឡើននាពេលអនាគត។

## OPPOSITES

The earth turns around itself and around the sun so that time changes from day to day and year to year. Even one minute of time cannot be turned back. There is nothing that can stop the earth from moving on. According to Buddhist belief, we are born, grow old, sicken and die. This is nature and it cannot be altered or stopped. But the growth or decline of a society comes from the actions and behavior of the people in it. You cannot cover this up. It is just like the old saying "when the elephant dies, don't take a small basket to try to cover it". The title "Opposites" wishes to say that the truth is still the truth, and even though we can lie about it to others we cannot lie about it to ourselves. To move forward or to move backward, this is something certain which is clear, not vague. Is it disgraceful to speak honestly and tell the truth? Why isn't the truth told in order to analyse it clearly and find a way to join together and go forward in search of growth? Or is the goal to move backwards? To devolve? In exhibiting this painting, I wanted to show a certain attitude that I see moving in opposition to the truth. I want us to seek the truth and to understand the reasons for going backwards, thus finding the ways to walk forward into the future.

គំនូរពណ៌អាគ្រីលិក លើក្រណាត់ ទំហំ ១០៩ × ៨០ ស.ម  Acrylic on canvas, 109 x 80 cm.

ចន្ទ វិត្ថារិន្ទ    CHAN Vitharin

## ការធ្វើតាម

ទង្វើដែលធ្វើបន្តតដាច់ដូចគ្នាពីម្តាយទៅកូន ពីជីដូនទៅចៅ នេះជាលក្ខណៈធម្មជាតិរបស់សត្វលោកក្នុងការធ្វើតាម។ យើងដឹងហើយថាក្មេងដែលកើតមក ប្រៀបដូចជាក្រដាស ឬក្រណាត់សម្អុយផ្ទាំង ដែលមិនទាន់ប្រឡាក់អ្វីបន្តិចសោះ តែអ្នកណាដែលធ្វើឱ្យក្រណាត់សម្អុយនេះប្រឡាក់ប្រឡូសទៅដោយស្នាមស្នាម គឺអ្នកដែលទៅជុំវិញក្មេងនោះ។ ដូច្នេះក្រណាត់នេះបើនៅជាមួយអ្នកណា ច្បាស់ជាមានការជាប់នូវទង្វើ អ្នកនោះ។ បើក្មេងធ្វើតាមអំពើអាក្រក់ វានឹងទៅជាមនុស្សអាក្រក់ តែបើត្រាប់តាមអ្នកល្អ ច្បាស់ជាទៅជាមនុស្សល្អនាពេលអនាគត ដូចសុភាសិតមួយថា "ត្រាប់ខ្លៅមិនដែលច្បាស់ ត្រាប់កាចមិនដែលសុខ ត្រាប់កករួកមិនដែលត្រង់ ត្រាប់ពុទ្ធអន្តទៅនិព្វាន"។ ដូច្នេះគោលបំណងនៃផ្ទាំងរូបភាពការធ្វើតាម គឺចង់បញ្ជាក់ប្រាប់រាល់រូបថា មុននឹងធ្វើអ្វីមួយគួរពិសយកទង្វើល្អៗសម្រាប់ជាគំរូដល់អ្នកជំនាន់ក្រោយ ដើម្បីជាលំអានល្អសម្រាប់អនាគត។

## IMITATION

Behaviors are passed down from mother to child, from grandparent to grandchild. This is the nature of imitation in the creatures of the world. We know that a new born child is like a sheet of white paper or cloth with no stains on it. Those who cause such a clean sheet to become marked are the people who live around the child. Whoever the child is with, the behavior of that person will rub off on the child. If the child has to imitate terrible actions, the child will become a terrible person in the future. If the child sees only good actions and learns to imitate them, then the child will become a good adult in the future. It is like the popular proverb: "If you imitate the ignorant, you won't become intelligent. If you imitate the angry and rude, then you won't be calm and pleasant. If you imitate liars, you will never be honest. If you imitate the Buddha, you will attain enlightenment". This painting of children imitating their mother wants to remind us that before we do anything, we should think and pick the good behavior in order to serve as a model for the next generation and thus to prepare a good path to the future.

គំនូរពណ៌ប្រេង លើក្រណាត់ ទំហំ ១២០ × ១០០ ស.ម   Oil on canvas, 120 x 100 cm.

ចន្ធ វិត្ថាវិន្ធ    CHAN Vitharin

កាលទាំងបី

យើនដឹន្នរួចហើយថា ថ្ងៃនេះខុសពីថ្ងៃស្អែក និងខ្លែកពីម្សិលមុិញ ហាតុនេះអតីតកាលខុសពីបច្ចុប្បន្នកាល ហើយខ្លែកពីថ្ងៃអនាគត។ អនាគត គឺជាថ្ងៃមួយដែលយើនសង្ឃឹមទុក ជាក្ដីស្រមៃនៃសតុលោកទាំងឡាយចន់យើញអ្វីដែលខ្លួនចន់បានក្នុងចិត្ត។ ប៉ុន្តែក្នុងលោកនេះ តែនតែប្រែប្រួលឥតឈប់ឈរ ខ្លះក៏បានដូចបំណន ហើយខ្លះក៏មិនបានដូចបំណន។ កាលជាង៨០០ឆ្នាំមុន យើនរឹកចម្រើនយ៉ាងខ្លាំងក្នុងប្រវត្តិសាស្ត្រ តែពេលបច្ចុប្បន្នយើនជាប្រទេសក្រីក្រក្នុងតំបន់។ ផ្ទាំងរូបភាពដែលនៅចំពោះមុខលោកអ្នក គឺបង្ហាញអំពីអតីតកាលជាង៨០០ឆ្នាំមុនមកប្រៀបធៀបបច្ចុប្បន្នថា តើជីវភាពរបស់ជនរួមជាតិរបស់ខ្ញុំពីអតីតកាល និងពេលបច្ចុប្បន្នកាលមានអ្វីខ្លែក ហើយនៅថ្ងៃអនាគតនឹងទៅជាយ៉ាងណា? តើយើនអាចកំណត់កាលទាំងបីដោយខ្លួនឯងបានដែរឬទេ ?

### THE THREE TIMES

We know that today is different from tomorrow and each is different from yesterday, just as the past, the present and the future are all different from one another. The future is something that we all lay hope on, dreaming that we will get what we want. However the earth turns on and on without stopping. Some get what they want while others do not. More than eight hundred years ago, the area of present day Cambodia was very strong. Today however we are one of the poorest country in our region. My picture wants to compare the powerful time more than eight hundred years ago to the present. How different were the lives of the people then and now? In the future how will our lives be? Can we as individuals determine our own futures? How will they be?

រូបថត, គំនូរពេលអាត្រីលិក លើក្រណាត់លាយស៊ុត្រ, ទំហំ ៧០ × ៥០ ស.ម       Sketch, 70 x 50 cm.

ឈៀន វិទ្ធី    CHHOEUN Rithy

## ច្បាប់ធម្មជាតិក្នុងការប្រៀបធៀប

ជីវិតមនុស្សកើតមករស់នៅលើលោកនេះ គឺចង់រស់នៅប្រកបតែសេចក្ដីសុខ តែធម្មជាតិបានតាក់តែងមកមិនដូចគ្នាទាំងអស់ទេ គឺសុសប្លែកទាំងភាសា ពណ៌សម្បុរ អត្តចរឹត មានសុត មានកាច និងចិត្តគំនិតទៀងត្រង់ ឬពុតត្បុតជាដើម។ ដូច្នេះហើយបានជាការរស់នៅរបស់មនុស្ស ចាទជាបញ្ហាជានិច្ច ទើបសន្តមនីមួយបង្កើតច្បាប់ឡើង ដើម្បីសម្រួលការរស់នៅរបស់មនុស្ស។ តែបើច្បាប់សន្តមពុំមានយុត្តិធម៌ត្រឹមត្រូវទេ ការរស់នៅរបស់មនុស្សនៅក្នុងសន្តមនោះ នឹងមានការរស់នៅតាមបែបធម្មជាតិដូចរូបភាពបានបកស្រាយអំពីជីវិតសត្វព្រៃ គឺសត្វខ្លះជាចំណីរបស់គេ និងសត្វខ្លះត្រូវចាប់គេស៊ីជាអាហារ។

### A COMPARISON WITH THE LAWS OF NATURE

People living on earth generally aspire to lives of happiness. But nature is uneven and unequal: there are different languages, different skin colors, and different characters. There are gentle people and brutally angry people. There are people who are honest and those who swindle. These differences have always made it difficult for people to live together. Therefore each society has created laws in order to solve the problems of people living together. But if the laws of a country aren't just, then people living in that society have to live by the laws of nature instead. My picture shows these laws of nature as they play out among the forest animals: some animals are the food of others who catch them and eat them.

គំនូរពណ៌ាប្រេង លើក្រណាត់ ទំហំ ៦០ × ៤០ ស.ម                                    Oil on canvas, 60 x 40 cm.

CHHOEUN Rithy

## សិល្បករខ្មែរនាអនាគត

រូបអប្សរាដែលមានមុខជាព្រះព្រហ្ម តំណាងឲ្យធម៌ខ្មែរនិងព្រហ្មវិហារធម៌ទាំងបួន ដែលប្រកបទៅដោយបញ្ញាញាណ និងមានដៃច្រើនគឺជាព្រះពិស្ណុការ តំណាងសិល្បករខ្មែរ នៅក្នុងដៃមួយមានកាន់ឧបករណ៍ផ្សេងៗ ដែលសំពះចំពីមុខជាការរិកចូរស្វាគមន៍រាក់ទាក់ចំពោះភ្ញៀវទាំងឡាយដែលមកទស្សនានៅប្រទេសកម្ពុជា។ ដៃដទៃទៀតកាន់ឧបករណ៍ផ្សេងៗតំណាងសិល្បៈដូចជា គូរ ឆ្លាក់ ច្រៀង រាំ និងការសាងសង់ជាដើម។ នៅក្នុងនោះ បើយើងពិនិត្យ នៅផ្នែកខាងក្រោយអប្សរា យើញមានរូបភាពខូរទៀតដែលទាក់ទិននឹងវិស័យទេសចរណ៍របស់ខ្មែរដូចជា យន្តហោះ រថយន្ត កប៉ាល់ រទេះគោ និងប្រាសាទអង្គរជាដើម។ បើពិនិត្យយូរទៅទៀត យើញមានផែនទីរបស់រាជធានីទីប្រទេសកម្ពុជា មានបឹងទន្លេសាប និងមានបេះដូងពណ៌ក្រហមមួយតំណាងទីក្រុងភ្នំពេញ ដែលមានបណ្តាញគមនាគមន៍ ផ្លូវទឹក និងផ្លូវគោក ជាមូលដ្ឋាននៃភាពរុងរឿងសម្បូរណ៍សប្បាយ។ នៅផ្នែកខាងក្រោមរូបមានទឹកជ្រោះ មានត្រី និងផលដំណាំយ៉ាងច្រើន។

## KHMER ARTISTS IN THE FUTURE

The apsara with the face of Preah Brum (Brahma) represents Khmer culture as well as the four basic moral precepts of conduct (compassion, empathy, joy at other's happiness, sincerity). The apsara has many arms holding various art implements and thus invokes Bisnakar, the celestial architect who represents all Khmer artists. Two arms of the apsara join together in front of her in the traditional form of greeting, welcoming all visitors to Cambodia. Her other arms hold tools representing the various arts of painting, sculpting, singing, dancing, architecture, etc. Around the apsara we see the signs of a growing tourist industry with airplanes, buses, boats, cow carts and the temples of Angkor. If we continue to look at the painting, the background reveals an image of Cambodia as a map with the Tonle Sap Lake outlined in blue. At the heart of the apsara is the city of Phnom Penh, marked in red. Roads, rivers, canals, and railroads all run through the city like currents forming the communication network which is the foundation for the prosperity and happiness of the nation. At the bottom of the picture I show a waterfall with fish, fruit, and other products of our country.

គំនូរពណ៌ប្រេង លើក្រណាត់ ទំហំ ៤០ × ៥៥ ស.ម         Oil on canvas, 40 x 55 cm.

ឈឹម សុធី    CHHIM Sothy

# សូមឱ្យមានសន្តិភាព

នៅក្នុងពិភពលោកយើនទាំងមូលនេះពោរពេញទៅដោយទុក្ខវេទនា ដែលបន្តឡើងដោយសារភ្លើងសង្គ្រាមប្រល័យមនុស្ស។ ការព្រាត់ប្រាស់និរាសបានកើតមានឡើងជាបន្តបន្ទាប់។ ការចងអាឃាតគ្នាក៏ចេះតែបានកើតឡើងទៅវិញទៅមកដែរ ដែលធ្វើឱ្យអ្នកដែលរស់នៅក្បែរគ្នា ឬប្រទេសជិតខាងគ្នា មើលមុខគ្នាលែងត្រង់ ហើយក៏បន្តជាសង្គ្រាម កាប់សម្លាប់គ្នាទៅវិញទៅមកផ្ដើមឱ្យជនសុចរិតទន់ទន់ទុក្ខវេទនា ហើយសង្គ្រាមនេះបានបន្តឱ្យមានវិនាសកម្មផ្សេងៗដូចជាអាយុជីវិត និងហេដ្ឋារចនាសម្ព័ន្ធដទៃទៀត។ បច្ចុប្បន្ននេះសង្គ្រាមកាន់តែកើតធំឡើង ដោយបច្ចេកវិទ្យាទំនើបនៅទ្វីបអឺរ៉ុប និងអាមេរិក ធ្វើឱ្យមនុស្សលោកងាយនឹងស្លាប់បំផុត។ ដោយឡែកនៅប្រទេសកម្ពុជាវិញសង្គ្រាមរាំរ៉ៃ បានពនរារពេលផ្ដើមឱ្យប្រទេសនេះវង់ទុក្ខទារុណ ធ្លាក់ដល់កម្រិតក្រោមសូន្យ សង្គ្រាមប្រល័យពុទ្ធសាសនារបស់ជនខ្មែរ ដែលគួរឱ្យអនិច្ចាពេកក្រែកក្រវិនិយាយលែងរួច។ យើងបិទភ្នែកបួងសួងសូមកុំឱ្យជួបប្រការបែបនេះទៀត យើងខ្លែតហើយ ស្គាល់ហើយ។ឥឡូវនេះ យើងសូមឱ្យមានសន្តិភាពពេញបរិបូរនៅក្នុងដែនសុវណ្ណភូមិរបស់យើង យើងសូមឱ្យមានវប្បធម៌សន្តិភាពពិតៗ ដូចអារ្យប្រទេសលើលោក។ ចង់មានសន្តិភាពពិតប្រាកដ គឺយើងម្នាក់ៗធ្វើឱ្យមានសុខៈដល់ខ្លួនយើងសិន នោះទោសៈពិតជារលត់ហើយ។

## PLEASE LET THERE BE PEACE

The world is full of the suffering caused by wars which destroy people. Despair, abandonment, and separation continue unabated. Hatred grows ever stronger so that neighbors and people living in countries next to each other can no longer stand to even look at each other; they begin to make war and kill each other. Such fighting causes ordinary gentle bystanders to suffer greatly and destroys many things including life itself as well as all the infrastructure supporting it. Today, wars become ever bigger, making use of the latest technology developed in Europe and the United States of America. It is easy for people in the world to die today. In Cambodia, war seems to have become a chronic condition, lasting so long that the country has fallen into sub-zero conditions. War has destroyed our religion, creating such pitiful conditions that it is beyond words to describe. We close our eyes and pray never again to have to live through such times. We have had enough of them. We are all too familiar with them. Now we ask only to have peace in our country. We ask to have a truly peaceful culture like other countries in the world. In order to have such real peace, each of us has to be at peace with oneself first. Then the very real hatred will finally be extinguished.

គំនូរពណ៌អាគ្រីលិក លើក្រណាត់ ទំហំ ១០០ × ១៣០ ស.ម	Acrylic on canvas, 100 x 130 cm.

ដួង សារី៉  DUONG Saree

## ថ្ងៃទាធមុខទៅដាយ៉ាធណា ?

បច្ចុប្បន្ននេះខ្ញុំសង្កេតឃើញថា សិល្បៈខ្មែរមួយចំនួនជឿនលឿនពិតប្រាកដ ក៏ប៉ុន្តែសិល្បៈផ្នែកគំនូរបុរាណចេះតែ ជ្រុតបន្តិចម្តងៗ ព្រោះមានមនុស្សគាតិចណាស់ដែលស្គាល់និងស្រឡាញ់។ ចំពោះគំនូរបុរាណវិញ គេច្រើន តូរជាគំនូរប្របត់ (គំនូរាក់កណ្តាលសម័យ ពាក់កណ្តាលបុរាណ) រូបមានស្រមោល ប៉ុន្តែកាត់ក្បាច់ បែបនេះ គេហៅថាគំនូរកូនកាត់ ឧទាហរណ៍ រឿងហនុយន្ត រឿងព្រះរវេស្សន្តរ ជាដើម ដែលគេូរនៅលើជញ្ជាំងវត្តអារាម នានា។ រីឯប្រភេទគំនូរបុរាណដូចជារឿងរាមកេរ្តិ៍ ដែលសិល្បករពីជំនាន់ដើមគូរនៅតាមថែវជុំវិញព្រះវិហារព្រះកែវ មរកត និងនៅតាមវត្តចាស់ៗមួយចំនួនហួតកដល់សព្វថ្ងៃនេះទ្រុឌទ្រោមទៅហើយ យើងមិនដឹងថា នៅថ្ងៃទាធ មុខប្រភេទគំនូរបុរាណខ្មែរនេះនឹទៅដាយ៉ាធណាទេ។ ឆ្នាំងគំនូរនេះ គឺជារូបស្ត្រីកំពុងរាំនៅលើព្រះកាលដែលជា និមិត្តរូបនៃសេចក្តីស្លាប់ និងការរស់ឡើងវិញ គឺតំណាងពេលវេលា។ រូបស្ត្រីនេះមានសាច់សម្បុរពណ៌មាន ដែល ជាពណ៌ស្រទន់ហើយត្រជាក់។ សម្លៀកបំពាក់ពណ៌ស្រាមិនសូវភ្លឺ ផ្តល់បន្លាញពីពណ៌នៅសម័យបុរាណដែលគេ យកចេញពីធម្មជាតិដូចជាសំបកឈើ ដើមឈើ។ ខ្ញុំមឈើនឹងស្ថិតស្ថេរឡើធជាដើម។ យើងចធឲ្យអនាគត ព្រះកាល រស់ឡើធវិញ ហើយហាមាត់ខ្លាក់ចេញជាដើម ស្ទឹក ផ្កាក្រពុំ ក្ឋិប និងផ្លែ ដែលជាចន្លាយភូមិទេសដុះលូតលាស់។ ឆ្នាំងគំនូរនេះមានបានពណ៌ដីលែងសម្គាល់ទឹកដីនៃដែលថែរក្សានូវសិល្បៈ និងវប្បធម៌ជាតិ។

## WHAT WILL TOMORROW BRING?

Today, I see that a certain group of Cambodian painters are really developing. But traditional painters seem to be disappearing little by little since there are very few people who understand and love traditional painting. The traditional painting which does occur is tied to the decoration of vats (Buddhist temple complexes) and generally renders scenes from the life of the Buddha in a style of "mixed" painting, combining characteristics of traditional painting with the shadows and perspective renderings of representational or "modern" painting. The type of traditional painting which once rendered the stories of the Reamker, such as the mural painting found in the courtyard of the Royal Palace, has almost completely disappeared. It is hard to tell what will happen to Khmer traditional painting in the future. My painting depicts a woman dancing on Preah Kal, the mythical creature who symbolises the cycle of death and rebirth and thus is a figure of time. The woman has egg-shell colored skin which I chose as a gentle and cool color. The colors of her clothing are not bright because I wanted to show the look of traditional paint which was once made out of natural materials such as bark or the wood of trees. I want Preah Kal to live in the future. From his open mouth will flow the stems, leaves, buds, flowers and fruits that become the strands of "kbach phni des", a particular Khmer ornamental form. The ground of my picture is the color of earth, the ground which preserves art and culture.

គំនូរពណ៌ទឹក លើក្រណាត់ ទំហំ ៧៥ × ១២០ ស.ម          Tempera on canvas, 75 x 120 cm.

ធំ សារ៉េន   TUM Saren

## វាសនាល្អនៃក្មេងវត្ត

ក្មេងវត្តច្រើនតែមានអនាគតល្អប្រសើរ ព្រោះក្មេងវត្តមានការយកចិត្តទុកដាក់ពីព្រះសង្ឃ។ បច្ចុប្បន្នសន្តមខ្មែរទាំងមូលកំពុងជួបវិបត្តិសេដ្ឋកិច្ចតាមគ្រួសារ និងខ្វះទីជម្រកសម្រាប់កូនបន្តការសិក្សានៅទីក្រុងភ្នំពេញ។ ដូច្នេះមានតែវត្តអារាមប៉ុណ្ណោះដែលអាចជួយដល់ពួកគេឲ្យមានកន្លែងស្នាក់នៅដើម្បីរៀនសូត្របាន។ អ្នកដែលស្នាក់នៅតាមវត្តអារាមច្រើនតែជាកូនអ្នកមានជីវភាពមិនសូវធូរធារ ឬជាកូនកំព្រាឪពុកម្តាយតែម្តង។ សព្វថ្ងៃនេះក្មេងវត្តរស់នៅក្នុងភាពថ្លៃថ្នូរដោយមានការទទួលស្គាល់ និងអប់រំពីព្រះសង្ឃ នេះជាឱកាសល្អចំពោះក្មេងកំព្រាដែលគ្មានទីពឹង គឺមានតែវត្តអារាមនិងព្រះសង្ឃនេះហើយដែលយកចិត្តទុកដាក់ដល់ការរស់នៅ អប់រំ និងជួយឲ្យបានរៀនសូត្រ។ ក្មេងវត្តអាចក្លាយជាពលរដ្ឋល្អនិងជាអ្នកដឹកនាំជាតិដែលប្រកបដោយសីលធម៌។ ផ្ទាំងគំនូរនេះ ខ្ញុំសូមឧទ្ទិសចំពោះគ្រូចៅអធិការវត្តដែលបានបណ្ដុះបណ្ដាលដល់ក្មេងៗបានល្អ ដើម្បីក្លាយជាពលរដ្ឋល្អ។

## THE GOOD FORTUNE OF CHILDREN IN THE VAT

Many children living in vats (Buddhist temple complexes) have good futures ahead of them because they are cared for by monks. Today, throughout Cambodian society families are in crisis due to economic difficulties and they often cannot allow their children to continue their studies in Phnom Penh because they have nowhere to live. The vat is the only place that can provide these children shelter while they are attending school or University. Most of the children and young adults found living in vats come from poor families or are orphans. Today the children in the vats develop quickly through the encouragement and education given to them by the monks. For orphans, this care is fortunate since they only have the vat and the monks to offer them shelter, take care of them, and help them to study. Those who grow up in the vats become good people and can lead the nation based on the moral precepts with which they have grown up. I dedicate this painting to the monks who educate the young so that they turn into good citizens.

ខ្នូត ទំហំ ១២២ x ៦៩ ស.ម     Pigment, lacquer and egg shell on panel, 122 x 69 cm.

ធុំ សារ៉េន   TUM Saren

## ដាស់ដីស្រែ

កាលណាមានភ្លៀងចាប់ផ្ដើមហើយ អ្នកប្រកបរបរស្រែចម្ការទាំងឡាយតែងនាំគ្នារួសរាន់រៀបចំគ្នាដាស់ដីស្រែ បង្ខឹកគោ ក្របីជាដើម។ ការធ្វើស្រែជាកិច្ចចាំបាច់ត្រូវតែធ្វើជារៀងរាល់ឆ្នាំ ហើយត្រូវចំណាយពេលវេលា និងប្រើកម្លាំងកាយ ហើយច្រើនដំណាក់កាលទៀតផង។ តែផលដែលបានមកអាស្រ័យលើការថែទាំ និងសំខាន់បំផុតមានទឹកភ្លៀងធ្លាក់គ្រប់គ្រាន់ មិនរាំងស្ងួត ហើយក៏មិនជោរជន់លិចលង់ដែរ។ ប្រជាកសិករភាគច្រើននៅតែ លំបាកលំបិន ត្រីក្រខូះមុខខូះក្រោយ ហើយត្រូវស៊ូទ្រាំនឹងការងារជានិច្ច។ តាំងតែពីមុនរហូតមកដល់សព្វថ្ងៃនៅតែធ្វើស្រែដោយពឹងមេឃ គឺពុំមានមធ្យោបាយយកទឹកមកធ្វើស្រែបានគ្រប់គ្រាន់ឡើយ។ លើសពីនេះទៅទៀត បច្ចុប្បន្នរដូវកាលត្រូវប្រែប្រួលកស្តានមិនត្រូវ មេឃរាំង ក្ដៅហួតហែងគ្មានភ្លៀង ដីស្ងួត ប្រេះបែកក្រហែង ហើយជួនកាលបែរជាមានទឹកជន់រជ័រលិចចូលទៅវិញ។ មូលហេតុទាំងនេះធ្វើឲ្យជីវិតប្រជាជនទូទៅការតែចុះដុនដាបទៅៗ ត្រូវទទួលទុក្ខវេទនាការតែខ្លាំងឡើង។ បើយ៉ាងដូច្នេះ តើអនាគតអ្នកធ្វើស្រែចម្ការទាំងអស់នឹងទៅជាយ៉ាងណា? ខ្ញុំរូបនេះដើម្បីរំលឹកដល់គុណប្រសើររបស់កសិករទាំងអស់ដែលទិតទំប្រឹងប្រែងធ្វើការរស់ពីកម្លាំងកាយចិត្តដើម្បីជីវភាព និងសន្តុមជាតិទាំងមូលផង។

## WAKING THE RICE FIELDS

When the rains start, all the farmers hurry to prepare for the plowing of the fields with their cows and water buffaloes. Rice must be grown every year, requiring much time and energy expended in a series of stages. The harvest depends on the care given to tending the rice. The most important part of the process however is that there is enough rain but no flooding. Most farmers remain very poor and have to struggle at their work constantly. For generations, and still today, we depend on the sky and its rains for rice growing. We have not yet found another way to have enough water to irrigate the fields. Today however the seasons are changing. The sky stays cloudless and it remains very hot without rain. The earth is dry and breaks into fissures and crevices. Then suddenly there is way too much rain and fierce floods ensue. All of these things make the life of ordinary farmers ever more difficult and impoverished. Their suffering increases every day. Given this situation, what will the future of our farmers be? I painted this picture to remind us of the hard work and goodness of the farmers who give all their strength and will to live and produce for society as a whole.

ខ្នុក ទំហំ ១២២ × ៨៩ ស.ម

Pigment, lacquer and egg shell on panel, 122 x 89 cm.

ប៉េច សុធ    PECH Song

## ក្ដីសង្ឃឹមនៅអនាគត

ក្នុងផ្ទាំងគំនូរនេះមានរូបភាពផ្សេងៗដែលខ្ញុំបង្ហាញក្នុងន័យជានិមិត្តរូបដូចជា ព្រះពុទ្ធភ្នែកញ្ញញឹម គឺតំណាងក្ដីសង្ឃឹម។ រូបព្រាបសចំនួន៥តំណាងសន្តិភាពក្នុងទ្វីបទាំង៥ ហើយក្នុងនោះមានកម្ពុជាដែលជាចំណែកមួយក្នុងការស្វែងរកសន្តិភាពនិងអភិវឌ្ឍន៍។ រូបព្រះវិហារនៅខាងលើកំពូលភ្នំ ចង់និយាយអំពីតំបន់អភិវឌ្ឍន៍ទៅថ្ងៃមុខ ផ្នែកខាងវប្បធម៌។ រូបទឹកជ្រោះហូរមានមនុស្សជាច្រើនកំពុងកំសាន្តតំណាងភាពជឿនលឿនផ្នែកវិស័យទេសចរណ៍។

### HOPE FOR THE FUTURE

In my painting, the things pictured are symbols. Preah Brum closes his eyes and smiles, providing a symbol of hope. The five white doves stand for peace on all continents. Cambodia is one part of this search for universal peace and development. The temple of Preah Vihear rises in the background on the top of the mountain. I want the image of this temple to show the future development possibilities in the field of culture. The waterfall crowded with people shows the rapid development of tourism.

គំនូរពណ៌ប្រេង លើក្រណាត់ ទំហំ ៩៥ × ៦៩ ស.ម  Oil on canvas, 95 x 69 cm.

ប្រហ្ម វិចិត្រ    PROM Vichet

## ការឆ្លងមេរោគអេដស៍នាពេលអនាគត

ពិភពលោកទាំងមូលក៏ដូចមាតុភូមិកម្ពុជាដែរ យើងព្រួយបារម្ភ និងភ័យរន្ធត់ខ្លាំងណាស់អំពីសោកនាដកម្មដែល កើតឡើងដោយសារការឆ្លងមេរោគអេដស៍។ សព្វថ្ងៃមានមនុស្សជាច្រើនស្លាប់ជាបន្តបន្ទាប់ មានឪពុកម្តាយខូះ ព្រាត់ប្រាស់កូនរបស់ខ្លួន ហើយមានកូនខូះត្រូវបាត់បង់ឪពុកម្តាយ ធ្វើឲ្យគ្រួសារធ្លាក់ទៅក្នុងអន្លង់ទុក្ខសោកយ៉ាង អាណោចអាធ័មបំផុត។ តាមគំនូរនេះខ្ញុំបង្ហាញពីក្មេងស្រីម្នាក់ដែលឪពុករបស់នាងស្លាប់ដោយសារឆ្លងមេរោគ អេដស៍ ហើយមិនយូរប៉ុន្មាន ម្តាយក៏ស្លាប់ចោលនាងទៅដោយបន្សល់ទុកក្មេងស្រីនោះនៅកំព្រានាគ្មានទីពឹងអ្វី ឡើយ។ ពុទ្ធោ ! តើនាងត្រូវរស់នៅយ៉ាងដូចម្តេច ? បើហេតុការណ៍ដ៏អាក្រក់នេះចេះតែកើតមានបន្តទៅទៀត តើអនាគតវាសនាកូនចៅរបស់យើងនឹងទៅជាយ៉ាងណា ?

### THE SPREAD OF AIDS IN THE FUTURE

In Cambodia, like the rest of the world today, we worry about the tragedies caused by the spread of AIDS. Today many people are dying. Fathers and mothers lose their children. Children lose their fathers and mothers. Families fall into the worst kinds of suffering. My picture shows a little girl whose father has died of AIDS. Not long thereafter, her mother dies as well, leaving the little girl alone as an orphan with no one to depend upon. How will she live? If such terrible things keep on happening, then what will the future of our children be like?

គំនូរពណ៌ប្រេង លើក្រណាត់ ទំហំ ៨០ × ១០០ ស.ម    Oil on canvas, 80 x 100 cm.

ព្រហ្ម វិចិត្រ    PROM Vichet

សង្ឃឹមអ្វី ?

ពីមុនធម្មជាតិទាំងឡាយស្រស់បំព្រង ហើយសម្បូណ៌បែបតាំងពីទឹកដីព្រៃព្រឹក្សា ស្ទឹង បឹងបួរ និងសពុសត្វទាំង ពូង។ ប៉ុន្តែមកដល់បច្ចុប្បន្នមនុស្សរាំគ្នាបំផ្លិចបំផ្លាញធម្មជាតិទាំងអស់នេះហួសប្រមាណ។ ព្រៃឈើត្រូវបានហោច សត្វព្រៃត្រូវវិនាសស្ទឹងបឹងបួរត្រូវរីងហួត ធ្វើឱ្យបរិស្ថានជុំវិញសូតហួតហែង ដែលពីអតីតកាលមិនធ្លាប់មាន។ ផ្ទាំងគំនូរនេះបង្ហាញពីមេស្វាអង្គុយឱបកូនលើគល់ឈើដោយក្តីអស់សង្ឃឹម។ វាគ្មានជម្រក ខ្វះចំណីអាហារ ទឹក និងអ្វីៗសម្រាប់ចិញ្ចឹមជីវិត។ ហេតុអ្វីបានជាវាត្រូវទទួលទណ្ឌកម្មទាំងអស់នេះដែរ ? តើយើងត្រូវធ្វើយ៉ាងដូចម្តេច សម្រាប់ពេលអនាគត ?

### WHAT HOPE ?

Before, all of nature was lush and there were thick forests, clear rivers, fresh lakes, all filled with animals of every kind. Today however people are rampantly destroying nature. The forests are destroyed, the wild animals disappear, and the rivers and lakes dry up. What is around us becomes like a newly formed desert. My picture shows a monkey sitting on a tree stump hugging her baby in hopelessness. She has no shelter, no food, no water, and nothing from which to live. Why must she suffer like this? And what must we do for the future?

គំនូរពណ៌ប្រេង លើក្រណាត់ ទំហំ ៨០ × ១០០ ស.ម  Oil on canvas, 80 x 100 cm.

ព្រហ្ម វិចិត្រ    PROM Vichet

## កុលបុត្រកម្ពុជា

កុលបុត្ររបស់យើងគឺជាភ្លី សង្ឃឹមរបស់យើង នៅពេលពួកគេដំឡើងតេនីនបន្តរេណាត្រប់បែបយ៉ាងសម្រាប់មាតុភូមិ។ ដូច្នេះយើងគប្បីថែទាំពួកគេឱ្យបានល្អ។ រូបនេះបង្ហាញពីស្ត្រីខ្មែរឈរឱបកូនជាទីស្រឡាញ់ពេញដើមទ្រូង សង្ឃឹមដល់ថ្ងៃអនាគតថា កុមារតូចនេះនឹងក្លាយទៅជាកុលបុត្រដ៏ល្អ។ កុមារនេះកាន់ជាតិជាប់នៅនឹងដៃ ហើយភ្នែករបស់គេកំពុងសម្លឹងមើលទៅផ្លូវដ៏វែងឆ្ងាយ។

### CAMBODIAN CHILD

Children are our hope since when they are grown up they continue to work for our country. For this reason, we raise them to be good people. This picture shows a woman hugging her beloved son to her chest, hoping for a future in which her son will turn into a good person. The boy clasps the Cambodian flag and looks at the long road ahead of him.

គំនូរពណ៌ប្រេង លើក្រណាត់ ទំហំ ៨០ × ១០០ ស.ម	Oil on canvas, 80 x 100 cm.

ភី ចាន់ថន   PHY CHAN Than

ជីវិតនិងធម្មជាតិ

ជីវិតទាំងឡាយសុទ្ធតែនឹងអាស្រ័យនឹងធម្មជាតិគ្រប់បែបយ៉ាងដែលមាននៅជុំវិញខ្លួន។ បើធម្មជាតិល្អប្រសើរ នោះជីវិតក៏ស្រស់បំព្រង បើធម្មជាតិហិនហោចក្រៀមស្រពោន នោះជីវិតនានាក៏វិនាសទៅតាមនោះដែរ។ រូបនេះចង់បង្ហាញអំពីជីវិតដែលរស់នៅអាស្រ័យដោយការពឹងពាក់លើធម្មជាតិ និងបរិស្ថាន។ ប្រសិនបើយើងនាំគ្នាបំផ្លាញដោយផ្តល់និងដោយប្រយោល ទៅថ្ងៃអនាគត ជីវិតរបស់យើងនឹងបាត់សាបសូន្យពីលើគពផែនដីនេះប្រៀបបីដូចជាតំណក់ទឹកនៅលើស្លឹកឈូក ប្រសិនបើយើងនាំគ្នាបំផ្លាញស្លឹកឈូក នោះតំណក់ទឹកមិនអាចគង់វង្សបានឡើយ។ បើយើងចង់មានជីវិតរស់នៅគង់វង្ស មានសុខមន្តល យើងត្រូវនាំគ្នាថែរក្សាបរិស្ថានធម្មជាតិឲ្យបានល្អកុំឲ្យបាត់បង់តទៅទៀត។

## LIFE AND NATURE

All life depends upon the nature which we find around ourselves. If nature is rich and plentiful, life is beautiful. If on the other hand, nature is devastated and destroyed, then all forms of life will be destroyed as well. This picture wants to show the dependency of life on nature and the environment. If we, or others, destroy the environment then, in the future, our lives will be extinguished on this earth. It is like the drops of dew on the lotus leaf. If we destroy the lotus leaf, the dew drops cannot form. If we want to have full and prosperous lives, we have to work together to preserve the environment and not let it be destroyed any further.

គំនូរពណ៌ប្រេង លើក្រណាត់ ទំហំ ១៦០ × ១៣៥ ស.ម

Oil on canvas, 160 x 135 cm.

វ៉ាន់ ណាត    VANN Nath

## ឧទ្ទិសបង់ស្រន់

ដើម្បីគិតពីអនាគត គឺយើងត្រូវយល់ពីអតីតកាលជាមុន។ ក្នុងរូបភាពនេះ ចង់និយាយពីប្រជាកសិករសុគតត្រង់ម្នាក់ ដែលក្នុងមួយជីវិតរបស់គាត់ធ្លាប់បានឆ្លងកាត់នូវហេតុការណ៍ដ៏អាក្រក់ច្រើនលើកច្រើនសារដូចជា៖
- សង្គ្រាមរ៉ាំរ៉ៃដែលបន្តមហាវិនាសកម្ម សោកនាដកម្ម និរាសព្រាត់ប្រាស ការសម្លាប់រង្គាលធ្វើឱ្យគរដួចភ្នំគួរឱ្យស្អប់ខ្ពើម។
- គ្រោះអាសន្ន ខ្យល់ព្យុះបក់បោកបំផ្លាញផ្ទះសំបែង ទឹកជំនន់លិចលង់ភូមិដ្ឋាន ស្រែស្រូវ និងផលដំណាំគ្រប់យ៉ាង។
- គ្រោះរាំងស្ងួតហួតហែង ទុក្ខខ្សត់ស្បៀងអាហារ។
កត្តាទាំងនេះហើយ ដែលធ្វើឱ្យគាត់ព្រួយចារម្មណ៍ដល់ថ្ងៃអនាគតនៃជីវិតកូនចៅ និងមាតុភូមិរបស់គាត់ តើគេនឹងជួបប្រទះរឿងរ៉ាវដូចគាត់ដែរ ឬយ៉ាងណា ? អ្វីដែលគាត់អាចធ្វើបាននៅពេលនេះ គឺការឧទ្ទិសបន់ស្រន់ដោយម្រាមដៃទាំងដប់របស់គាត់លើកូលសំពះលើក្បាល សូមបិសាចទាំងឡាយដែលធ្លាប់មកយាយីរបស់គាត់ និងមនុស្សផនទាំងឡាយនោះ វិនាសអន្តរាយសាបសូន្យជារៀងរហូតទៅ។ គាត់សង្ឃឹមថ្ងៃអនាគត កូនចៅរបស់គាត់នឹងបានសុខក្សេមក្សាន្ត រស់លើទឹកដីដ៏ស្រស់ស្រាយនេះ។

### PRAYER

If order to think of the future, we must first understand the past. My painting shows an honest and simple farmer who, in his life, has lived through many terrible things at many different times. He has lived through drawn out wars that have caused great destruction, suffering, despair, and separation; these wars have caused widespread killings leaving behind horrifying piles of bones as big as mountains. The farmer has also withstood natural disasters such as typhoons, floods, droughts and famines, natural forces which tear apart houses, sweep away villages, and destroy crops, leaving devastation, hunger and death in their wake. All these events make the farmer worry about the future of his children as well as his country. Will they also have to live through such things, or how will it be? The only thing he can do is pray, raising his hands above his head and begging that all the destruction and evil which have threatened him and others will finally vanish. He hopes that, in the future, his offspring can live in happiness in a beautiful land.

គំនូរពណ៌ប្រេង លើក្រណាត់ ទំហំ ១១០ × ១០០ ស.ម Oil on canvas, 110 x 100 cm.

វ៉ែន សារ៉ាត់   VENN Savat

អនាគត

រូបភាពនេះមានទម្រង់មុខដូចព្រះបាទជ័យវរ្ម័នទី៧ ដែលជាព្រះមហាក្សត្រខ្មែរបានដឹកនាំស្រុកទេសឱ្យរុងរឿងកាលពីសម័យបុរាណ។ យើនតូរស្កាត់តាមរបៀបសក់របស់ចៅក្រមតុលាការអន្តរជាតិ និងមានសម្លៀកបំពាក់តាមបែបសម័យថ្មី គឺតំណាងច្បាប់ជាសកលសម្រាប់ត្រួតពិនិត្យមើលជាទូទៅ។ នៅខាងក្រោមគឺជាហ្វូងមនុស្សរាប់រយនឹកនិងស្រមោលរវៀ ដែលតំណាងពួកអ្នកប្រព្រឹត្តអំពើទុស្សច្បាប់ផ្សេងៗ។ ដូច្នេះដើម្បីឱ្យស្រុកខ្មែរបានសេចក្តីសុខ រុងរឿងនិងសម្បូណ៌សប្បាយ មនុស្សទាំងអស់ត្រូវតែស្ថិតក្រោមអំណាចច្បាប់ជាអ្នកគ្រប់គ្រងតាមើល។

## THE FUTURE

The person in this painting has a face like that of Jayavarman VII, the Khmer King who led Cambodia to a period of prosperity long ago. I have painted this Angkorian King with the wig of an international court judge and modern clothes in order to show that the law is universal and oversees all actions. A crowd of people appear in darkness and shadows below the King, representing the many people who do criminal deeds. In order for Cambodia to prosper and have greater happiness, all people have to live according to the laws which govern us.

គំនូរពណ៌ប្រេង លើក្រណាត់ ទំហំ ៩០ × ១២០ ស.ម  Oil on canvas, 90 x 120 cm.

សា ពិសិដ្ឋ    SA Piseth

ដៃប្រាំមាម្រាំទាញក្រណាត់ខ្មៅ

មនុស្សទូទៅត្រូវការសេរីភាព សម្បណ៌សប្បាយ និងសេចក្តីសុខសុកមន្តល។ ប៉ុន្តែពេលខ្លះគេបែរជារស់នៅក្រោមឥទ្ធិពលកេរ្តិ៍បសន្តត់ដោយអំណាចផ្សេងៗក្នុងពិភពលោក ធ្វើឱ្យគេលំបាកលំបិន និងបាត់បង់សេរីភាពសម្រាប់ជីវិត។ រូបភាពនេះបង្ហាញពីដៃមនុស្សដែលមានម្រាមប្រាំតំណាងកម្លាំងមនុស្សក្នុងទ្វីបទាំងប្រាំ ចាប់ទាញផ្ទាំងក្រណាត់ខ្មៅដែលតំណាងឱ្យការជិះជាន់និងភាពអាធម្មល ហើយលេចចេញនូវក្រណាត់ពណ៌ខៀវ ដែលតំណាងសិទ្ធិសេរីភាព។ ឯការចាប់ទាញនេះគឺជានិមិត្តរូបនៃការតស៊ូ។

## THE FIVE FINGERED HAND PULLS AWAY THE BLACK CLOTH

People in general need freedom, happiness, and prosperity. But sometimes they find themselves living under the various powerful oppressive forces found in the world which make life difficult and take away freedom. My picture shows a hand with five fingers which stand for the power of the people living on the five populated continents. They begin to pull at the black cloth which stands for oppression and misery, revealing the blue realm of the right to freedom. This pulling away stands for struggle.

ចម្ងាក់ mixed media

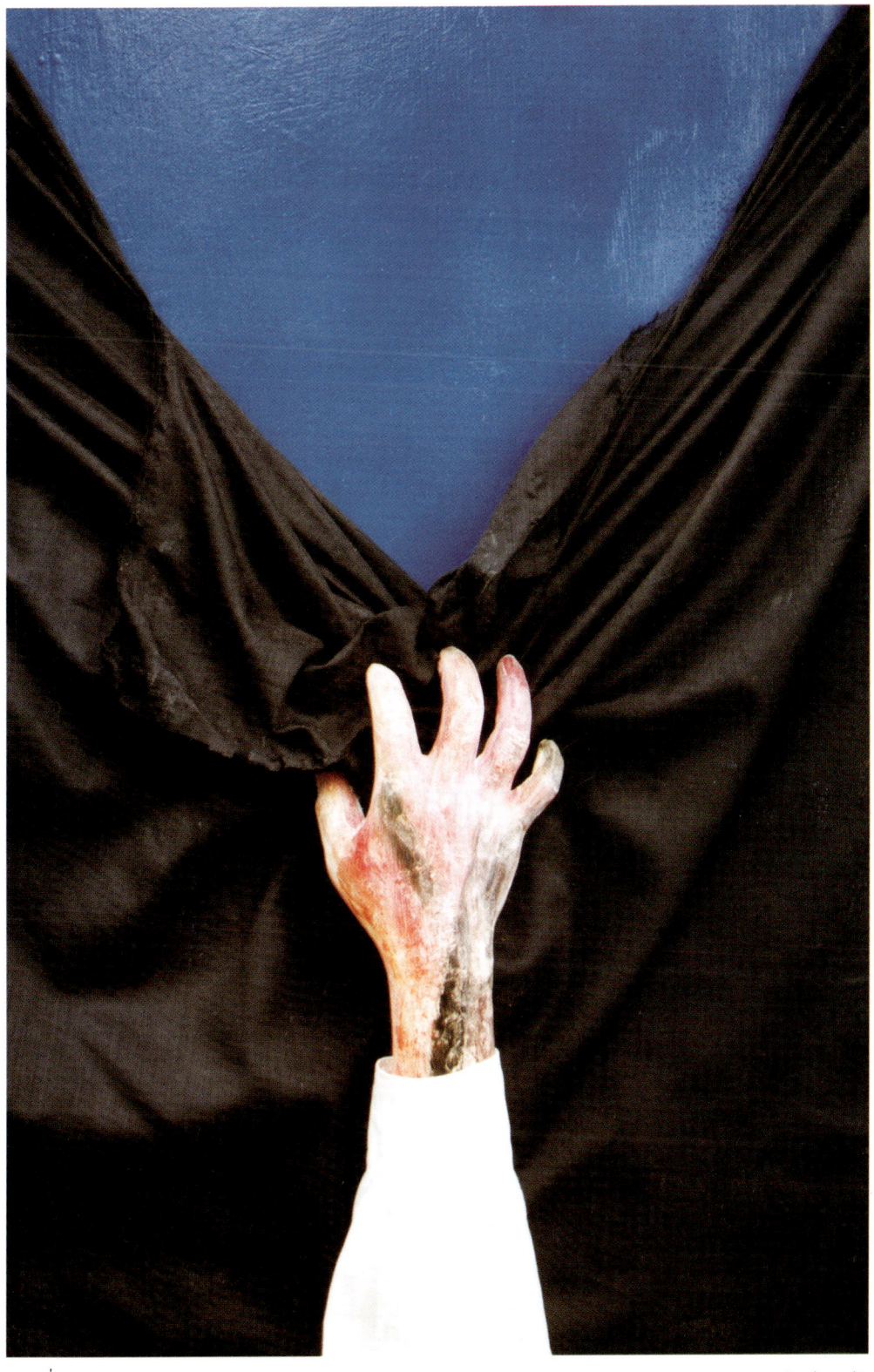

សាយ សារ៉េត    SAY Saret

## សង្ឃឹម ឬ ក្តីស្រមៃ

គំនូរមួយផ្ទាំងនេះខ្ញុំគូរជារូបអប្សរាឃរាំលើកដៃរាំនៅចំកណ្តាលបែរមុខទៅចំហៀង និងសម្លឹងមើលទៅឆ្ងាយ។ រូបអប្សរានេះខ្ញុំចង់និយាយអំពីវិស័យសិល្បៈ វប្បធម៌ខ្មែរដែលមានភាពរស់រវើក។ វិងរូបទេសភាពមានព្រៃ ភ្នំ វាលស្រែ ដែលមានត្រាក់ទ័រកំពុងគ្នាជី និងផ្នែកម្ខាងទៀតបង្ហាញអំពីរូបសំណង់ដ៏ខ្ពស់ មានបង្គោលអគ្គិសនី ជាដើម គឺខ្ញុំចង់បញ្ជាក់អំពីអនាគតនៃប្រទេសខ្មែរដែលនឹងឈានទៅរកការអភិវឌ្ឍន៍។ តាំនៃការតូរូបនេះខ្ញុំមានទស្សន:ចង់និយាយថា ជាតិមួយរុងរឿងមិនមែនអាស្រ័យទៅលើសម្ភារ:ទំនើបមួយមុខនោះទេ គឺត្រូវឈរនៅលើគោលវប្បធម៌ជាតិឲ្យបានច្បាស់លាស់។ ព្រោះវប្បធម៌របស់ជាតិណាមួយរុងរឿង ជាតិនោះក៏រុងរឿងតាមចរិត សិល្បៈវប្បធម៌នេះដែរ ហើយគេស្គាល់ប្រទេសជាតិផ្សេងវគ៍អាស្រ័យដោយសិល្បៈវប្បធម៌នេះឯង។ បច្ចុប្បន្នេះយើងសន្តេតឃើញវប្បធម៌ហាក់ដូចជាឃ្លាតពីចរិតខ្មែរ។ ចង់មានតម្លៃផ្នែកសីលធម៌សិល្បៈ វប្បធម៌ គឺទាំងអស់គ្នាត្រូវចូលរួមអប់រំតាមមធ្យោបាយផ្សេងៗមិនថាសិល្បៈ ឬអក្សរសិល្បៈ ឬផ្នែកអ្វីទៀតទេ ត្រូវខិតខំយ៉ាងណាបញ្ចូលកុសលទៅក្នុងពិពាវប្បធម៌ ហើយកាត់បន្ថយភាពអសីលធម៌ បណ្តុះបណ្តាលនូវចរិតពិតរបស់ដូនតាខ្មែរ យើងមិនឃាត់យ៉ាងមិនទទួលវប្បធម៌បរទេសនោះទេ ការទទួលចម្លងពីគ្នាទៅវិញទៅមកវាជាភាពរីកចម្រើនដើរលឿន។ ប៉ុន្តែការទទួលនេះត្រូវសមស្រប និងកែថ្លៃយ៉ាងណាឲ្យត្រូវតាមលក្ខណ:ជាតិរបស់ខ្លួន។

## HOPE OR DREAM

I have painted an apsara dancing in the middle of my picture; she is facing sideways and looking into the distance. I want this painted apsara to represent living Khmer art and culture. The landscape surrounding her has forests, hills and fields. In the field, a tractor is being used to plough the earth, while in another part of the painting, a tall building is being built and electricity poles are present. I want to show the future of Cambodia which is moving towards development. With this painting, I want to say that a country doesn't prosper simply because it has modern things. A prosperous country has to stand on the clear and firm foundations of a national culture. Prosperous countries have flourishing cultures and they are recognised for their art and culture. Today we see our culture straying from its Khmer character. I want art and culture to have morality and value. Everyone has to join together to teach - not just about certain visual arts, literature and other forms of arts - but also in general about how to inject virtue into culture and reduce what is now immoral. We should teach at the real level of our ancestors. We should not prevent foreign cultural influences from entering, since such exchange fosters development. But what is received must be appropriate, and should be adapted and modified to fit our national character.

គំនូរពណ៌ប្រេង លើក្រណាត់ ទំហំ ៦០ × ៨០ ស.ម  Oil on canvas, 60 x 80 cm.

សឿង វណ្ណារ៉ា   SOEUNG Vannara

## ពេលព្រឹក

មនុស្ស សត្វ និងរុក្ខជាតិផ្សេងៗនៅលើពិភពលោកសុទ្ធតែត្រូវការពន្លឺ។ នៅពេលព្រឹកព្រលឹម ព្រះអាទិត្យចាប់ផ្ដើមរះពន្លឺមកលើផែនដី ពេលនោះធម្មជាតិនានាហាក់ដូចជាស្រស់បំព្រង និងលូតលាស់ឡើង ហើយពន្លឺពេលព្រឹកនេះដូចជាផ្ដល់ឱ្យមានសេចក្ដីសង្ឃឹមសម្រាប់ជីវិត។ សព្វថ្ងៃវិទ្យាសាស្ត្របានរីកចម្រើនខ្លាំងឡើងរហូតផ្ដល់ឱ្យមានផលប៉ះពាល់ដល់សង្គមនិងធម្មជាតិទាំងអស់នោះ។ តាមរូបភាពនេះចង់បង្ហាញពីទិដ្ឋភាពដ៏ស្រស់ត្រកាលនៃជីវិត និងមនោសញ្ចេតនាចង់ថែរក្សាការពារពន្លឺឱ្យនៅតែមានប្រយោជន៍ជានិច្ចសម្រាប់មនុស្ស សត្វ រុក្ខជាតិ និងធម្មជាតិផងទាំងពូងជារហូតទៅ។

### MORNING

People, animals, and all the vegetation of the earth need light. At dawn, the sun rises, throwing light over the earth. Nature seems fresh - even radiant - bursting forth. The light of dawn brings hope for life. Today, the development of knowledge and its application to life has affected all of society and nature. My picture wants to show the fresh beauty of life and the feeling of wanting to preserve and protect the light so that it will always have use for people, animals, vegetation, and nature as a whole.

គំនូរពណ៌ប្រេង លើក្រណាត់ ទំហំ ៩០ × ៧០ ស.ម Oil on canvas, 90 x 70 cm.

សួស្តី សុដាវី    SUOS Sodavy

ពិភពសន្តិភាព

ធម្មជាតិថ្មីស្រឡាងដែលពុំមានការបេះពាល់។
ធម្មជាតិដ៏បរិសុទ្ធ ដែលគ្មានការបំផ្លាញ។
ជាទីជម្រក របស់សត្វតូចធំ ជាទីប្រជុំនៃអ្នកស្នេហាសន្តិភាព ដ៏បរិសុទ្ធ មិនសាបរលាបដោយអំពើបាបទាំងពួង។
សូមព្រៃធម្មជាតិនៅស្ងិតស្ងៀតទៅ។

## THE PEACEFUL WORLD

The newest of nature, as yet untouched.
Nature in its purity, not yet destroyed.
This is the shelter of animals large and small, the meeting place of those who love peace
A pure place, unsoiled by acts of evil.
Please let nature remain like this.

ទំហំ ១៨៩ × ១៨៣ ស.ម    Wood, Found wood, paint, 189 x 183 cm.

ស៊ុស្តី សុដាវី    SUOS Sodavy

ផែនដី

យើងចង់បានពិភពមួយដែលស្ងប់ គ្មានការច្របូកច្របល់ មានតែសេចក្ដីសុខដែលពោរពេញទៅដោយសេរីភាព។ គំនូរនេះមានស្នាមថ្នាំពណ៌ដែលខ្ញុំបំពេញដើម្បីបញ្ជាក់ពីពិភពដ៏ធំទូលាយដែលមិនតូចចង្អៀតដូចយើងមើលឃើញតាមចន្លោះបង្អួចនោះទេ។ លើផ្ទាំងគំនូរមានស្នាមប្រឡាក់ប្រៀបដូចជាពិភពលោកដែលកំពុងរងការខូចខ្ទេចខ្ទីប្រេះស្រាំទៅដោយការបំផ្លាញ គ្រប់បែបយ៉ាងដ៏គួរឲ្យព្រួយបារម្ភ យើងគួរគិតដល់ការថែរក្សាពិភពលោកដ៏ស្រស់ថ្លៃផង យើងចង់ស្ងប់ស្ងាតទៅមុខជាសំបុកសន្តិភាព សំបុកសេរីភាព ដែលជាទីកក់ក្ដៅនៃយើង។

EARTH

We want the earth to be calm, not disorderly and confused. We want the earth to be filled the happiness which comes from freedom. I have filled the surface of my painting with marks to show the expanse of the world which is not small like that which we see within the frame of a window. On this surface, there are scars and scratches just like on the earth today which is bruised and being torn apart by all kinds of destruction. This destruction should worry us and make us think of preserving the earth in its freshness so that it continues to be a nest of peace and freedom, bringing us comfort.

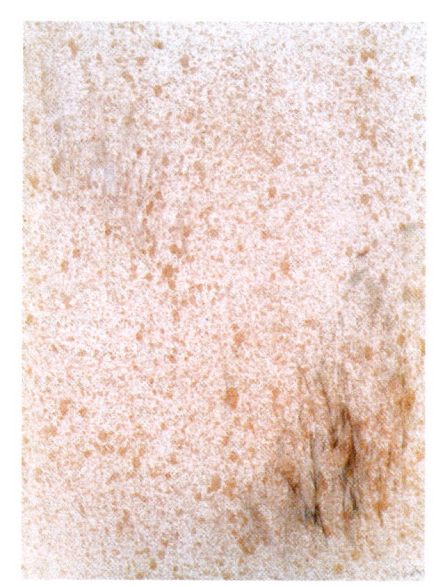

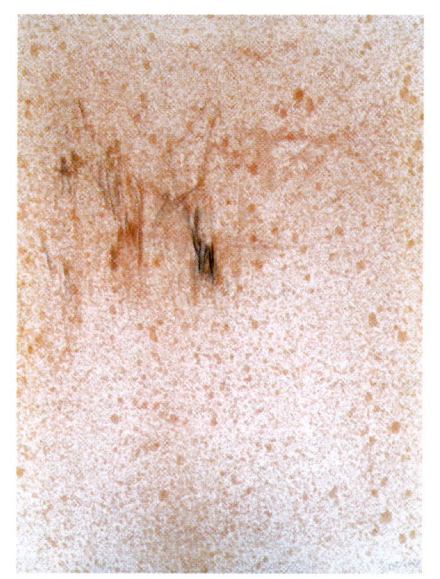

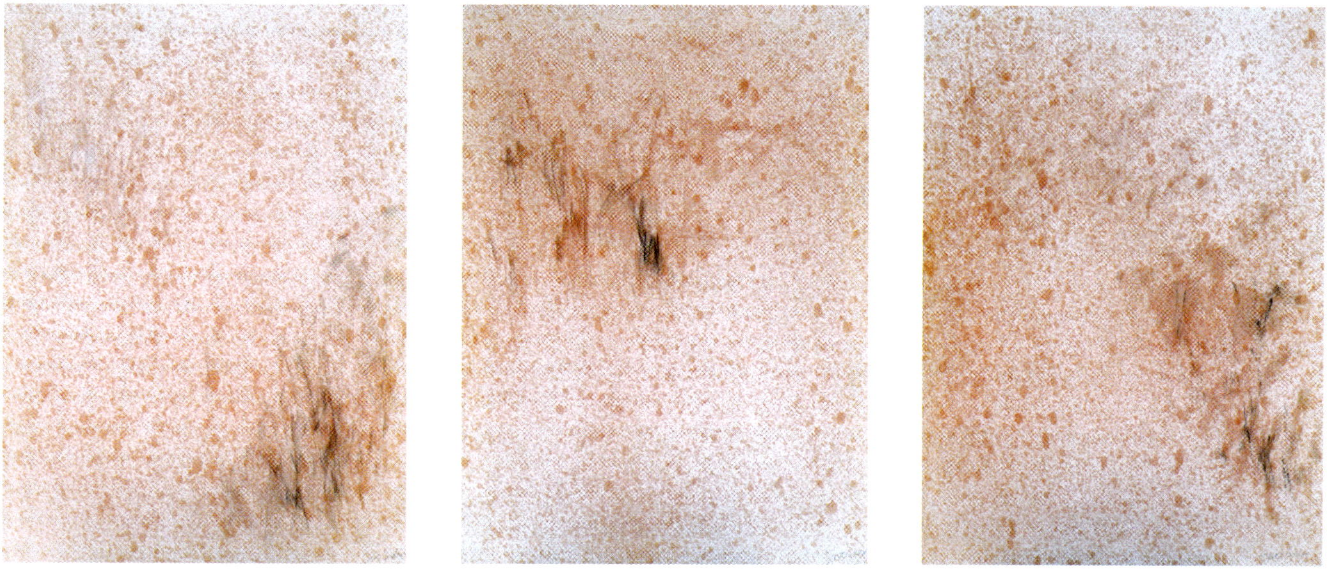

គំនូរពណ៌ប្រេង លើក្រណាត់ ទំហំ ១៥០ × ៩៤ ស.ម												Oil on canvas, 150 x 94 cm.

សំ សុធន   SOM Sophon

## ចាយន្តក្នុងក្តីសង្ឃឹម

រូបនេះចង់បង្ហាញអំពីចំណាប់អារម្មណ៍របស់ជាតិនិងអន្តរជាតិ និងការហូរចូលនូវទេសចរគ្រប់ជាតិសាសន៍មកកាន់ប្រទេសកម្ពុជា។ នៅក្នុងរូបស្ទួនរូបនេះ មានរូបដូចជាទ្វារទឹក ដែលចម្រុះដោយពណ៌ជាច្រើន ដែលតំណាងឱ្យពណ៌សម្បុរជាតិសាសន៍ផ្សេងៗ ហើយក៏តំណាងឱ្យវិស័យកសិកម្មផងដែរ។ រីឯនៅផ្នែកលើគ្មានទ្វារវាងគោងតំណាងពិភពលោក។ ចំណែកឯទឹកហូរតំណាងសរសៃឈាមដែលផ្តល់ឱ្យមនុស្ស សត្វ រុក្ខជាតិ អាចរស់រានមានជីវិតបានឬជាចរន្តនៃភ្ញៀវទេសចរទាំងឡាយដែលហូរចូលមិនចេះដាច់ដែរ។ ដោយសារអ្វី បានជានៅពេលអនាគតប្រទេសកម្ពុជាជាចំណុចចាប់អារម្មណ៍យ៉ាងខ្លាំងចំពោះភ្ញៀវទេសចររនោះ ?
ប្រទេសកម្ពុជាមានប្រាសាទបុរាណស្ថិតរាយពេញផ្ទៃប្រទេស។ ដូច្នេះហើយបានជានៅចំកណ្តាលនៃផ្ទាំងរូបភាពខ្ញុំបានតូរបង្ហាញពីប្រាសាទបាយ័ន្ត ព្រោះប្រាសាទនេះមានរូបមុខបួនជាច្រើន បែរទិសទាំងបួនគឺតំណាងព្រហ្មវិហារធម៌ទាំងបួន។ ថ្វីបើប្រាសាទនេះឆ្លងកាត់សង្គ្រាមឥតឈប់ឈរជាច្រើនសតវត្សយ៉ាងណាក៏ដោយ ក៏នៅតែមានភាពរឹងមាំ។ ព្រះភ័ក្ត្ររបស់បាយ័ន្តនៅតែញញឹមសង្ឃឹម និងជឿជាក់ថាប្រជាជនខ្មែរនឹងរុងរឿងនៅថ្ងៃអនាគតជាមិនខាន។

### THE HOPE OF THE BAYON

This picture wants to show how locals and foreigners are interested in Cambodia, and how tourists of every nation and religion come to our country. My picture is framed by the mouth of a huge water tunnel made up of many colors which represent all the people, nations and religions of the world. The water tunnel also recalls farming, and its rounded form represents the globe of the world as well. The water flowing through the tunnel is like the blood and water which allow people, animals, and vegetation to live. It can also be seen as the current of tourists flowing without stop into our country. Why will Cambodia be such an attraction to tourists in the future? Cambodia is covered with ancient temple sites. This is why I have set the Bayon temple in the middle of my picture. The Bayon is covered with four-sided faces looking in the four directions and symbolizing the four basic virtues. Despite the fact that the temple has passed through centuries of wars, still it stands firm. The faces of the Bayon still smile with hope, conveying the belief that the Cambodian people will certainly prosper in the future.

គំនូរពណ៌ប្រេង លើក្រណាត់ ទំហំ ១២០ × ៨០ ស.ម	Oil on canvas, 120 x 80 cm.

សំ សុផន    SOM Sophon

## ជីវិតថ្មី

ផ្ទាំងគំនូរនេះបង្ហាញពីអនាគតនៃពិភពលោក យើងចង់មានសន្តិភាព គ្មានការភ័យខ្លាច គឺមនុស្សគ្រប់រូបត្រូវប្រកាន់យកគន្លងព្រហ្មវិហារធម៌ទាំងបួន ដូចដែលមានរូបព្រហ្មមុខបួនជាតំណាង។ រូបមានក្បាលព្រហ្មដែលជាស្នាដៃដូនតាខ្មែរសម័យបុរាណ ហើយមានដងខ្លួនជាមនុស្សស្រីកំពុងបំបៅកូន ខ្ញុំចង់និយាយពីការបន្តវេណគ្នាពីមនុស្សជំនាន់មួយទៅជំនាន់មួយត្រូវតែមានចិត្តគំនិតប្រកបដោយមេត្តា សណ្ដោសប្រាណសប្បរស កុំបីប្រកាន់ពណ៌សម្បុរប្រៀបបីដូចជាទឹកចិត្តមាតាស្រឡាញ់កូនអញ្ចឹងដែរ។ ដូច្នោះនឹងធ្វើឱ្យសង្គ្រាម អំពើហិង្សា ការកាប់សម្លាប់ និងស្អប់ខ្ពើមគ្នាផុតរលត់ទៅបាន។ វាំងនន់សំពត់ពណ៌ខ្មៅប្រឡាក់ទៅដោយឈាម និងមានដៃចាប់ទាញរូតវាំងនន់សំពត់នោះចុះហើយលេចនូវរូបមាតាបំបៅកូន គឺចង់បង្ហាញពីការបើកទំព័រខ្មៅងងឹតចេញ និងបានឃើញភាពភ្លឺស្វាងពោរពេញទៅដោយសេចក្ដីសុខសន្តិភាព និងការល្អតលាស់។

### NEW LIFE

This picture shows the future of the world. We want to have peace and not be afraid. All people must adopt the four basic precepts of a virtuous life represented here by the four-faced figure of Preah Brum. This head of the Bayon is the work of our Khmer ancestors. But I have painted the chest of this figure as that of a woman feeding her child. I want to express the process of passing down from one generation to the next, a process which must be compassionate, non-judgmental and understanding, just like the love between a mother and a child. Do whatever we have to do so that war, terrible acts, killing, and hatred disappear completely. The black cloth with red blood stains is being opened by a hand to show the scene of nursing. I want to show that a dark period is being taken away and we start to see a light full of happiness, peace, and growth.

គំនូរពណ៌ប្រេង លើក្រណាត់ ទំហំ ៨០ × ១២០ ស.ម   Oil on canvas, 80 x 120 cm.

ស្វាយ កេន   SVAY Ken

## បរិស្ថាន

រូបភាពនេះបង្ហាញអំពីរោងចក្រ ស្ថានថូល់ រថយន្ត ព្រៃឈើ និងសមុទ្រ។ ខ្ញុំចង់និយាយថា យើងអាចអភិវឌ្ឍន៍សង្គមបានដោយមិនចាំបាច់បំផ្លាញបរិស្ថានឡើយ ហើយមនុស្សគ្រប់គ្នាអាចរកប្រាក់សម្រាប់ចិញ្ចឹមជីវិតបានដែរ។ បើរោងចក្រមានបំពង់ផ្សែងប្រាំ គួរកាត់បន្ថយនៅតែបី និងធ្វើឱ្យខ្ពស់ឡើងដើម្បីឱ្យសត្វស្លាបទាំងឡាយអាចហើរទាបជាងបំពង់ផ្សែងនោះបាន។ ស្ថានថូល់ដែលជាមធ្យោបាសន៍យ៉ាងសំខាន់យើងត្រូវថែរក្សាដោយកាត់បន្ថយរថយន្តដែលមានទម្ងន់ធ្ងន់ហួសកម្រិត ឬមានសណ្ឋានរូបម៉ាតវែង១។ មិនត្រូវបន្ទរជាតិពុលចូលក្នុងបឹង ទន្លេ ឬសមុទ្រឡើយមិនដូច្នោះទេយើងនឹងលែងមានត្រីនៅពេលអនាគតមិនខាន។ យើងត្រូវថែរក្សាព្រៃឈើនិងដាំថ្នាដាប់ថែម ព្រមទាំងការពារសត្វព្រៃឱ្យគង់វង្ស។

### ENVIRONMENT

This picture shows the factory, the road, the bridge, the truck, the forest and the sea. I wanted to say that we can develop our society and support our families without destroying the environment. If the factory has five smoke stacks, cut them back to three and build them high enough so that birds can fly under their emissions. The roads and bridges are important communication means and we must protect them by cutting the number of overweight trucks and oversized transports using them. We should not allow poisons to flow into the lakes, rivers, or ocean or there will be no more fish in the future. We should protect the forests and plant more trees, protecting the animals in the forest so that they are safe.

គំនូរពណ៌ប្រេង លើក្រណាត់ ទំហំ ១០០ × ១២០ ស.ម	Oil on canvas, 100 x 120 cm.

ស្វាយ កេន   SVAY Ken

សេចក្តីលោភ

រូបនេះចង់បង្ហាញអំពីមនុស្សមួយចំនួន ចង់បានទ្រព្យសម្បត្តិច្រើនហើយទំហើងធ្វើការឥតឈប់ឈរដើម្បីរកប្រាក់ឲ្យ បានច្រើន តែយកទៅចាយវាយខ្ទះខ្ទាយនៅតាមរង្គសាលប្រើបដូចជាសត្វមេៀចដែលហើរចូលភ្លើង។

GREED

This picture shows the people who want lots of things. These people work unceasingly, doing whatever they have to do to make a lot of money. They then go and spend all that money in the glittering dance halls and shining beer gardens, just like insects flying into the burning light.

គំនូរពណ៌ប្រេង លើក្រណាត់ ទំហំ ១២០ × ១០០ ស.ម Oil on canvas, 120 x 100 cm.

ហោន សុផល   HEN Sophal

<h1>ការងារមន្ត្រីរាជការ</h1>

នៅក្នុងជួរបុគ្គលិកមន្ត្រីរាជការសម័យនេះ ភាគច្រើនពេលដែលចូលបម្រើការងាររដ្ឋ ពួកគេសម្លឹងរកមើលតែកន្លែងណាដែលរកបាន មិនថាក្រសួង មន្ទីរ អន្តគាត ក្រុមហ៊ុន មូលដ្ឋានភូមិឃុំទេគឺតែនៃសួរគ្នាទៅវិញទៅមកថា"មើលកន្លែងការងារឯងរកបានឬទេ?" សំណួរនេះសឲ្យយើញថា ប្រជារាស្ត្រខ្មែរសព្វថ្ងៃគិតតែពីផលប្រយោជន៍ផ្ទាល់ខ្លួនតែប៉ុណ្ណោះ។ មិនបាននឹកព្រួយបារម្ភទៅដល់ប្រទេសជាតិឡើយ។ សព្វថ្ងៃ ប្រជាពលរដ្ឋភាគច្រើនស្ទើរតែ៩០ភាគរយ លែងចង់គិតពីរឿងអនាគតរបស់ប្រទេសជាតិអស់ហើយ ពីព្រោះពួកគេមើលឃើញភាពអយុត្តិធម៌នៅនឹងមុខ ព្រោះអស់លោកមន្ត្រីរាជការ យកតំណែងដែលប្រជារាស្ត្រ បានផ្ញើរទុកចិត្តនោះទៅប្រព្រឹត្តអំពើបោកប្រាស់ក្បត់នូវ:ប្រជារាស្ត្រយកសិទ្ធិអំណាចដែលខ្លួនមានមកហ៊ុនទ្រព្យសម្បត្តិជាតិ ដែលនោះជាទ្រព្យសម្បត្តិរបស់យើងទាំងអស់គ្នា មកផ្តើមកម្មសិទ្ធផ្ទាល់ខ្លួនទៅវិញ តេមិននិកនាំគ្នាជួយថែរក្សាការពារទេ បែរជាធ្វើអ្វីដុយពីន:ប្រជារាស្ត្រ លក់ដូរគ្មានសល់អ្វីទាំងអស់ តាមតែហ៊ីច្ឆិតារបស់អស់លោកម្នាក់ៗ ស្រី ស្រា វិឡា ឡាន បន្ទុបប្រដែនដាក់គ្នា"វាស់ទឹកលុយ" អ្នកណាមានលុយតិច អ្នកណាមានលុយច្រើនតែប៉ុណ្ណោះ។ អំពើស្មោគរេកទាំងនោះ ធ្វើឲ្យប្រទេសជាតិ អាប់អោនកេរ្តិ៍ឈ្មោះ ខូចអស់សីលធម៌ក្នុងសន្តមហើយបានបន្តភាពមហន្តរាយគ្រប់បែបយ៉ាង ហើយអាគ្រក់ទៅជាល្អ សទៅជាខ្មៅ មានភាពពុករលួយពេញសន្តម្បែ

<h2>THE WORK OF A GOVERNMENT OFFICIAL</h2>

In the ranks of officials today, most of those who work for the government only look for the places where they can make money. They don't ask about the Ministry, the Office, the Department, the Business, the District or the Village. Instead, they ask each other "how's your workplace, can you find money there?" This question shows us that Cambodians today only think of their own personal benefit and don't worry about the country as a whole. Today many people - almost 90% of Cambodians - seem to have stopped wanting to think about the future of our country since all we see in front of us is dishonesty and injustice. Officials in whom people put their hopes use their positions to cheat and betray the aspirations of the people, using the power invested in them to take for themselves that which belongs to all the people and the country as a whole. Such officials don't think to work together to preserve and protect. Instead they do the opposite of the wishes of the people. They sell everything to fulfill their greed for women, alcohol, villas, and cars. They boast and compete, measuring their seas of money and talking of who has less and who has more. These actions disgrace the name of our country, destroying the moral fiber of society and spreading disaster

ក្លាយមុខមាត់ធ្វើឱ្យមនុស្សបែកបាក់សាមគ្គីលែងស្គាល់បងប្អូន មិត្តភក្តិ ញាតិសណ្ដានអ្នកទាំងអស់។ ម្នាក់ៗគិតតែយកប្រាស់អាយុរៀងខ្លួន គ្មានគិតអ្នកក្រៅពីលុយឡើយ។ កត្តាទាំងនេះហើយ ធ្វើឱ្យរាស្ត្រនាប្រទេសជាតិធ្លាក់ចូលរណ្ដៅដោយមិនដឹងខ្លួន។ បើនៅយ៉ាងហ្នឹង តើអនាគតប្រទេសជាតិយើង ទៅជាយ៉ាងណា ...?

throughout. The very structure of society is broken so that bad is seen as good, white is seen as black, and corruption permeates everything. Friendships end, and people break with their brothers and sisters, their friends and their neighbors. Everyone thinks only about money and their own livelihood. This situation has made the country, through sheer thoughtlessness, fall into an abyss. If it's like this now, how will the future of our country be?

គំនូរពណ៌ប្រេង លើក្រណាត់ ទំហំ ១០០ x ៨០ ស.ម Oil on canvas, 100 x 80 cm.

ហេន សុផល    HEN Sophal

## អ្នកដាំចានតែថែ វិញថ្វែចានអ្នកបេះ

រូបនេះចង់បង្ហាញពីបរិស្ថាននៅប្រទេសកម្ពុជា មានការប្រែប្រួលរដូវកាល អាកាសធាតុខុសពីធម្មតា ក្រៅពីការបំផ្លិចបំផ្លាញរួមស្បត្តិធម្មជាតិ ជាតិសែសប្រៃឈើស្ទើរតែគ្មានសល់។ បញ្ហាទាំងនេះហើយធ្វើឱ្យកើតមានរូបគ្រោះធម្មជាតិ រាំងស្ងួត ទឹកជំនន់ ខ្យល់ព្យុះ ប្រជាជនរស់នៅនៃតុក្ខវេទនា គ្មានទឹកធ្វើស្រែចម្ការ រដូវវស្សាដូច រដូវប្រាំង។ មកទល់បច្ចុប្បន្ននេះរាជរដ្ឋាភិបាលបានប្រកាសចេញច្បាប់ជាសាធារណៈ៖ ទូទាំងប្រទេសកម្ពុជាត្រូវតែបញ្ឈប់ការកាប់ព្រៃឈើជាកំហិត។ ក៏ប៉ុន្តែការកាប់ព្រៃឈើនៅតែប្រព្រឹត្តទៅជាធម្មតា ច្បាប់នេះគឺគ្មានតែជាការប្ដូរផ្លាស់ពីរូបភាព ការកាប់ព្រៃឈើ អនាធិបតេយ្យមកកាប់ស្របច្បាប់តែប៉ុណ្ណោះ។ ការកាប់ព្រៃឈើស្របច្បាប់នេះ សុទ្ធតែអ្នកមានអំណាច មានខ្នង មានទាហានការពារ អ្នកទាំងនេះគឺជាអ្នកកាប់ព្រៃឈើ ស្របច្បាប់ រីឯប្រជាជនវិញគ្មានសិទ្ធិកាប់ព្រៃឈើអ្វីឡើយ។ ច្បាប់ដែលបានថែមកនេះ វាហាក់ដូចជាការហូតហែងប្រមូលពីដៃប្រជាជនមកផ្ដាក់លើដៃបុគ្គល (ឈ្មួញ) ស្របច្បាប់តែប៉ុណ្ណោះ។ នេះគេហៅថា "ច្បាប់ផ្ដាច់មុខ" បើអ្នកជំនួញគេច្រើននិយាយថា គេស៊ីផ្ដាច់មុខ។ ដូចនេះការកាប់ព្រៃឈើសព្វថ្ងៃមានច្បាប់ហាមយ៉ាងមែន តែព្រៃឈើនៅតែហិន ហោចតនលប់លរដែរ។ ឥឡូវនេះ ក្រៅពីព្រៃឈើត្រូវហិនហោចអស់ រាជរដ្ឋាភិបាលកំពុងតែបំផុស ប្រជាពលរដ្ឋឱ្យដាំកូនឈើឡើងវិញ។ គួរឱ្យសើច ! វិបត្តិទាំងនេះ បែរជាធ្លាក់មកលើប្រជាពលរដ្ឋជាអ្នកទទួល

### THE ONE WHO PLANTS DOESN'T NECESSARILY PICK THE FRUIT

This picture wants to show the environment in Cambodia today. The seasons have changed and the weather is different from what it was before they started to destroy the environment and particularly the forests of which very little remains. This destruction is causing natural disasters such as droughts, floods, and typhoons which cause great difficulty for ordinary people. There is no water to grow things and the rainy season becomes just like the dry season. The government has recently passed a law setting deadlines ordering that the cutting of trees throughout Cambodia should stop. But the cutting of trees continues as usual and it seems that this law only changes the cutting of trees from total anarchy to a more ordered legal procedure. The people who can continue to cut trees according to this law are all those who have power, connections, and soldiers to protect them. These powerful people still have the right to legally cut trees while ordinary people no longer do. The law is thus a protection, collecting the land and the trees of ordinary people and legally giving them to the businessmen. This is what they call the law of monopoly and most business men say that they can make money this way. So the cutting of trees is legally banned today, but the destruction of the forests continues unabated. Today, with the forests mostly destroyed, the government is encouraging

*ទៅវិញ វិងពួកអ្នកកាប់ព្រៃលើទាំងនោះ តែម្នាក់ៗក្លាយទៅជាសេដ្ឋីដេកស៊ីលើគំនរមាស គំនរប្រាក់ផ្ទៃព្រនើយ។ នេះដូចពាក្យស្លោកចាស់ពោលថា" អ្នកដាំបានត្រឹមតែថែរក្សា វិងផ្លែផ្កាបានលើអ្នកប្រលះ" តើសន្តមខ្មែរ យុត្តិធម៌នៅឯណា ?*

ordinary people to plant young seedlings. This should make us laugh! The crisis is pushed onto the ordinary citizens who must deal with it. As for the people who cut all the trees, they have become millionaires who live on piles of money and are indifferent to the present situation. This is like the old saying "the one who plants only tends, while the fruits and flowers are for those who pick". Where has the justice in Khmer society gone?

*គំនូរពណ៌ប្រេង លើក្រណាត់ ទំហំ ១២០ × ៨០ ស.ម*          Oil on canvas, 120 x 80 cm.

ហេង សុផល    HEN Sophal

រដូវធ្វើស្រែ

ប្រជាជាតិខ្មែរជំនាន់មុនតំាងពីដូនតាមក ការធ្វើស្រែក្នុងមួយឆ្នាំអាចសល់ទុកទូលទានបានគ្រប់គ្រាន់ហូត ដល់ទៅពីរឆ្នាំងណោះ គឺជីវភាពរបស់គេរស់នៅយ៉ាងសុខស្រួល សប្បាយរីកាយ មិនដែលរឹតខ្វល់ខ្វាយពីការ ខូះខាតហូបចុកអ្វីឡើយ ប៉ុន្តែដួយទៅវិញ សន្តមបច្ចុប្បន្នេះ ពួកមន្រ្តីធំបានប្រើប្រាស់សិទ្ធិអំណាចដណ្តើមហូប ហែងបូរយកទ្រព្យសម្បត្តិដូចជាក្សួងមន្រី សាលារៀន មន្ទីរពេទ្យ ដីធ្លី ហូតដល់សម្បត្តិធម្មជាតិមានទឹក ដី ព្រៃពីក្សាសត្វ និងមច្ឆាជាតិយកមកលក់ឲ្យឈ្មួញបរទេសតាមទំនើងចិត្ត៕ មិនដែបុណ្ណោះបានបន្តូរអំពើពុករលួយ ក្នុងសន្ដមប្រកាន់បក្សពួក អញ ឯង ធ្វើឲ្យប្រជានរន្តទុក្ខវេទនាជួបប្រទះនិងវិបត្តផ្សេងៗវត្សាក្សាន៕ អំពើ ទាំងអស់នេះហើយដែលជះឥទ្ធិពលអាក្រក់ដល់សន្តម រស់នៅបាត់បង់សតិបញ្ញាល្អជាប្រយោជន៍នៃមនុស្ស និង ធ្វើឲ្យខូចខាតបរិស្ថានទាំងស្រុង នាំមកនូវគ្រោះមហន្តរាយឥតឈប់ឈរ "ដូនដល់ប្រជារាស្ដ្រ" ដូចជាអាកាស ធាតុប្រែប្រួលមិនទៀងទាត់ ទុស្ខែ ប្រែរដូវបន្តឲ្យមានភាពរាំងស្ងួតក្ដៅហួតហែងទឹកជំនន់ជន់ជោរ និងមានទឡ់ព្យុះ បាត់បន្តូរដងរដូវកាលថែមទៀតផង៕ ជាធម្មតាប្រទេសកម្ពុជាមានបីរដូវ គឺរដូវវស្សា រដូវរហើយ និងរដូវប្រាំង តែ ឥឡូវនេះហែដូរស្វឺរតែបាត់មួយរដូវ គឺរដូវរហើយ នៅសល់តែរដូវពីរគត់ គឺរដូវសួត និងរដូវទឹកជំនន់តែបុណ្ណោះ៕ កត្ដានេះហើយទើបធ្វើឲ្យប្រជារាស្ដ្រជួបប្រទះគ្រោះមហន្តរាយឥតឈប់ឈរ៕ ដូចនេះឆ្នាំងគំនូរនេះបានឆ្លុះបញ្ចំាង

## THE SEASON FOR GROWING RICE

Since long ago, the Khmer people have been able to grow so much rice that rice from one harvest would sometimes last them for two years. Living was easy then and the people were happy and did not worry about not having food. In society today however, Ministers use their power to take the property of the State - ministries, offices, schools, hospitals, land - for themselves. They have even gone so far as to take the earth itself, the trees, the animals, and the fish, selling all this as they wish to foreign businessmen. Their actions have caused corruption to pervade society, creating parties of "us" and "them", and causing ordinary people to have unending difficulties. The bad influence of their actions flood society and people lose their spirit and their goodness. The environment is ruined completely, bringing terrible misfortune to the people. The months and seasons are all different from what they once were and there are droughts, excessive heat, floods, and typhoons. Usually Cambodia has three seasons: the rainy season, the cool windy season, and the dry season. But now the cool windy season seems to have disappeared and all that remains is a season of drought and a season of flooding. Such changes have wrecked havoc on the lives of the peasants and my picture shows the real life of peasants under such circumstances. The season for planting rice has become the season of

និងបន្ថាញពីជីវិតពិតគ្រារបស់ប្រជាកសិករ ដែលកំពុងរងទុក្ខលំបាកវេទនាពីដូរផ្ទៃប្រែប្រួលជាវាំងស្ងួត លុះមាន ភ្លៀងនាមកូរទឹកជន់លិចលង់គ្រប់ទិសទីស្ទើគ្មានសល់។ ការធ្វើស្រែមិនបានកអ្វីទួលទាន កមិនបានទៅ ណាក់មិនរួច ឱបតែក្តីអស់សង្ឃឹម និងភាពទ័លច្រកលីចាប់ខ្ទោចផ្ការាល់ខែ រាល់ឆ្នាំ ហាក់ដូចជាកំពុងរស់នៅ និងរង់ចាំតែសេចក្តីស្លាប់តែប៉ុណ្ណោះ។

drought. When it finally rains, there are immediately floods covering everything and leaving nothing above water. One cannot grow rice in such conditions and there is nowhere to go. All that is left is to embrace hopelessness and despair as the months and years pass by. It is like a life in which one is only waiting to die.

គំនូរពណ៌ប្រេង លើក្រណាត់ ទំហំ ១២០ x ៩០ ស.ម         Oil on canvas, 120 x 90 cm.

ឡុង សោភា   LONG Sophea

អាថ៌កំបាំង

ធម្មជាតិកុមារតូចចូលចិត្តឆ្លីះឥវ៉ាន់ក្នុងផ្ទះ ព្រោះគេចង់ដឹងពីអាថ៌កំបាំងរបស់របស់ទាំងនោះ។ ការចង់ដឹងចង់ឃើញនេះនាំឲ្យគេស្វែងយល់ ហើយចេះដឹង។ រាល់អាថ៌កំបាំងដែលគេដោះស្រាយបានតាមរយៈការពិសោធន៍ តែងតែបន្ថែមចំណេះដឹងខាងរូបរាងកាយ និងបញ្ញារបស់គេបន្តិចម្តងៗទៅលើពិភពលោក។ កាលពីដើមខ្មែរយើងចាត់ទុកកុមារដែលចង់ដឹងចង់ឃើញ ថាជាកុមារឆ្លាត។ ខ្ញុំបានគូររូបខ្យង ដើម្បីបង្ហាញកុមារពីរបៀបស្វែងរកអាថ៌កំបាំងដោយចាប់ផ្តើមពីធំទៅតូច។ សំណួរចុងក្រោយដែលពួកគេឈានទៅដល់នៅក្នុងដំណើរឆ្លងកាត់រូបខ្យងនោះគឺ តើគួរជ្រើសរើសក្រមួនខ្យង (ដែលឆ្ងាញ់) ឬលាមកខ្យង (ដែលមិនល្អក្នុងការបរិភោគ)។ និយាយម្យ៉ាងទៀតថា "អ្វីដែលមានតម្លៃ? អ្វីដែលគួរខ្ពើម?" នៅក្នុងផ្ទាំងគំនូររបស់ខ្ញុំ រូបខ្យងលាយឡំជាមួយក្បាច់ដែលខ្មែរហៅថា "ក្បាច់ភ្នីដេះ" ដែលមានរាងដូចស្លឹកឈើកោង ហើយលូតលាស់ទៅមុខដូចវល្លិ។ ស័ង្ខក៏មានរាងដូចខ្យងដែរ ប្រើសម្រាប់ដាក់ទឹកក្នុងពិធីផ្សេងៗ។ ទឹកដែលហូរចេញពីស័ង្ខ ត្រូវបានគេចាត់ទុកជាទឹកមន្តសក្តិសិទ្ធិ នាំមកនូវសិរីមង្គល។ ខ្ញុំបានគូររូបខ្យងជានិមិត្តរូបនៃភាពបរិសុទ្ធ ដូចក្មេងៗដែលមិនទាន់ប៉ះពាល់នឹងគ្រឿងអាក្រក់អ្វីឡើយ។ ក្បាច់ "ភ្នីដេះ" និយាយពីការលូតលាស់ទៅមុខ។ ខ្ញុំចង់បង្ហាញពីរបៀបដែលកុមារលូតលាស់តាមរយៈបទពិសោធន៍នៃការស្វែងយល់ពីអាថ៌កំបាំងក្នុងជីវិត។

## THE MYSTERY

Little children like to touch and disorder things in the house because they are wondering about the mystery of things. Their wonder makes them find out about things and thus become knowledgable. Each mystery which they solve through experience adds little by little to their bodily and intellectual knowledge of the world. In the past, the Khmer valued curious children, saying that they were smart. I have painted the shape of the snail to show children how to seek the puzzles starting with the very big ones and then narrowing down to the little ones. The final question which they reach in the passage through the snail is that of chosing between the wax of the snail (delicious to eat) and the droppings of the snail (not good to eat). In other words, "What has value? And what should repulse you?" In my painting, the form of the snail mingles with ornaments which Khmer call "kbach phni des", a leaf like form which curls and grows forward like a vine. The conch shell, which is also shaped like a snail, is used for holding water in the context of various ceremonies. The water which runs from the conch shell is thought to be sacred, leading to good fortune. I have painted the shape of the snail as a symbol of purity, just like young children who have not yet been touched by anything evil or bad. The "kbach phni des" ornaments speak to growing and moving ahead. I wanted to represent how a child grows through the experience of uncovering life's mysteries.

បាទិក ទំហំ ៣០ × ៤៥ ស.ម Fabric paint on silk, 30 x 45 cm.

ឡូធ៍ សោភា   LONG Sophea

# ប្រភពទឹក

នៅក្នុងផ្ទាំងគំនូររនេះ ខ្ញុំគូរូបឃ្លោកខ្នាត់ខែ្មរជាច្រើនជាប់ប្រទាក់ក្រឡាគ្នា។ នៅសម័យបុរាណខែ្មរចូលចិត្តប្រើឃ្លោក ជាភាជន៍សំរាប់ដាក់ទឹកជាប់នឹងខ្លួន។ ថ្វីត្បិតតែឃ្លោកជាវត្ថុដែលបានមកពីធម្មជាតិ តែមានរូបរាងនិងពណ៌សម្បរគួរឱ្យស្រឡាញ់ព្រមទាំងមានគុណភាពស្ងួតល្អ ម្យ៉ាងទៀតវាមានទម្ងន់ស្រាលណាយស្រួលប្រើណាស់។ ដោយសារឃ្លោកមានប្រវត្តិតាំងពីយូរលង់ណាស់មកហើយនោះ ខ្ញុំចង់ផ្តល់និមិត្តរូបឃ្លោកទៅនឹងមាតា បិតា ឬចាស់ទុំជំនាន់មុន ដែលផ្តល់កំណើត ផ្តល់ភាពត្រេកត្រអាល និងព្រហ្មវិហារធម៌ចំពោះកូនចៅជំនាន់ក្រោយ។ វាប្រៀបដូចជាប្រភពទឹកដែលផ្តល់ការរីកចំរើនដល់សន្តិម។ អនាគតល្អ គឺអាស្រ័យដោយមានប្រភពល្អជាមូលដ្ឋាន បន្ទាប់រូមមានមជ្ឈដ្ឋានរស់នៅ ការសិក្សាបណ្តុះបណ្តាល និងការងារវិជ្ជាជីវៈ។ បើទាំងអស់នេះការតែស៊ីសង្វាក់គ្នាល្អ ដូចជាគំនូរឃ្លោកដែលប្រទាក់ក្រឡាគ្នាទៅវិញទៅមក នោះអនាគតនឹងការតែមានប្រសិទ្ធភាពល្អ។

## THE SOURCE OF WATER

In this painting, I have painted many gourd shapes interwoven together. In ancient times, the Khmer liked to use gourds as containers for drawing and carrying water. Even though the gourd is a natural object, it takes forms and colors which one should treasure along with its light durability. Since gourds have a long history of use, I think they can symbolise our parents and the elders who preceded them. These are the ones who give birth, provide happiness, and teach virtue to the children of the next generation. Elders are like a source of water which allow society to develop. A good future springs from a good source. Then one must establish a solid basis for a life by studying, training, and a finding a good profession. If all these elements are in harmony, like the gourds interwoven in my picture, then the future will be better and better.

ប្លាទិក ទំហំ ៤៥ × ៣០ ស.ម Fabric paint on silk, 45 x 30 cm.

ឡុង សោភា   LONG Sophea

# ក្រិត្យក្រមធម្មជាតិ

ធម្មតាគេតែងតែដាក់ចប់ផ្កានៅក្នុងថូដ៏ល្អវិចិត្រ ប៉ុន្តែខ្ញុំគូរចាប់ផ្កានៅក្នុងក្អមដែលជាវត្ថុសម្រាប់ដាក់ទឹកស្អាត ម្យ៉ាងទៀតស្ត្រីខ្មែរក៏និយមប្រើប្រាស់ក្នុងដែរ។ ខ្ញុំចង់បង្ហាញថារុក្ខជាតិត្រូវការទឹកសម្រាប់រីកលូតលាស់ រាំដូចជាអនាគតរបស់ក្មេងវាគឺអាស្រ័យដោយប្រកបរស់នៅរបស់គេមានអំណោយផលល្អ ដូចជាទឹកបរិសុទ្ធក្នុងក្អម។ ខ្ញុំបានធ្វើការថែប្រទិតចាប់ផ្កានេះទៅជាប្រភេទក្បាច់ភ្ជីទេស ដែលមានន័យថាដំណើររីកលូតលាស់ដុះដាល។ ផ្ទៃខាងក្រោយលំអដោយស្លឹកត្របែកចាស់ៗ តំណាងឲ្យការព្រាត់ប្រាស់ ចាត់បង់ (តាមជំនឿរបស់ខ្មែរ)។ នៅក្នុងផ្ទាំងគំនូរនេះចង់បង្ហាញអំពីក្រិត្យក្រមធម្មជាតិនៃអនាគតពីរុស្សគ្នា គឺអនាគតរបស់ក្មេងដែលឈានទៅរកការលូតលាស់រីកចម្រើន។ ឯអនាគតរបស់មនុស្សចាស់ឈានឆ្ពោះទៅរកភាពបាត់បង់បន្តិចម្តងៗ តែពួកគាត់នៅតែមានសុទិដ្ឋថា មានស្នាដៃ កេរ្ត៍ឈ្មោះ និងកិត្តិយសនៅគន់វង្សដែរ។ ទាំងនេះគឺប៉ិតនៅក្នុងក្រិត្យក្រមធម្មជាតិ ដែលថាអ្វីៗក៏សុទ្ធតែដួបប្រទះនូវការលំបាក ដែលត្រូវតែស៊ូដើម្បីជីវិត និងអនាគត។

## THE LAWS OF NATURE

Usually flower bunches are put in a beautiful vase, but I have instead painted a bunch of flowers in a "ka-am", a typical clay jar for carrying drinking water which is often used by Khmer women. I want to show that nature needs water in order to grow, just like the future of children depends upon them having good living conditions and clean water like that from the "ka-am". I have improved the bunch of flowers which I have painted so that they form the Khmer ornament "kbach phni des", a vine like ornament which grows and spreads. The background is decorated with dark leaves of the guava which in Khmer culture can mean disappearance and the sadness of separation. My painting wants to show the laws of nature which govern two different futures: the future of the young is to grow up and develop themselves, while the future of the elderly is to move little by little towards their own end. Even though all of us must die, we leave behind our work, our name and the honor which our lives accrue in the way we live them. These are the laws of nature which say that everything and everyone encounters difficulties, but we must struggle for our lives and for the future.

ប៉ាទិក ទំហំ ៤៥ × ៣០ ស.ម                          Fabric paint on silk, 45 x 30 cm.

ឱក ប៊ុណ្ណារ័ត្ន    OK Bunnarath

## អនាគតកូនខ្ញុំ?

រូបនេះបង្ហាញអំពីស្ត្រីមេម៉ាយពិការជើងម្នាក់កំពុងអង្គុយបំបៅកូនសុំទានដោយក្តីវេទនា។ ដៃម្ខាងបីត្រកងកូន ឯដៃម្ខាងទៀតលាបានដៃសុំនូវក្តីអាណិតអាសូរដោយការដាក់ទានពីអ្នកជន។ នៅលើផ្ទៃរូបនេះមានបង្ហប់ទៅដោយរូបភាពផ្សេងៗទៀត គឺរូបកាំភ្លើងមួយកំណាត់ គ្រាប់បែកមួយ ចានបាយ ។ល។ នេះចង់និយាយអំពីលទ្ធផលសង្គ្រាមបានធ្វើឱ្យមនុស្សជាច្រើននត្រូវព្រាត់ប្រាស់ប្តីប្រពន្ធ ធ្លាក់ទៅក្នុងភាពជនពិការ រស់ដោយក្តីលំបាកលំបិនក្រគោកយ៉ាក បាត់បង់អនាគតកូនចៅ រសាត់អណ្តែតគ្មានផ្ទះសម្បែង ម្ហូបអាហារ និងភាពកក់ក្តៅអ្វីឡើយ។ បើយ៉ាងដូច្នេះតើអនាគតខួនគេនិងកូនចៅ នឹងទៅជាយ៉ាងណា?

រូបទាំងមូលខ្ញុំផាត់ទៅដោយពណ៌ផ្សេងៗជាកំណាត់ៗយ៉ាងច្រើន។ ពណ៌និមួយៗខ្ញុំបង្ហប់ទៅដោយអត្ថន័យទាក់ទងទៅនឹងជីវិតផ្ទាល់របស់អ្នកដែលរងគ្រោះដោយសារសង្គ្រាមហើយក្លាយទៅជាជនអនាថាគួរអាសូរបំផុត។ ពណ៌ស គឺសេចក្តីស្មោះត្រង់ ពណ៌ខៅ គឺសេចក្តីទុក្ខសោក ពណ៌ក្រហម គឺសេចក្តីលំបាកត្រូវតស៊ូ ពណ៌ត្នោត គឺសេចក្តីទន់ខ្សោយ ពណ៌ផ្ទៃមេឃ គឺសេចក្តីសង្ឃឹម (មានតិចតួច) ពណ៌លឿន គឺការលំបាកទ្រាំទ្រ ពណ៌បៃតងខ្ចី គឺការរៀបសន្តុំនិងស្តីបន្ទោស ។ល។

## THE FUTURE OF MY CHILD?

This picture shows a disabled widow with no legs, nursing her child as she sits begging in despair. One arm holds her child while the other arm is outstretched, asking those who pity her to give her money. There are other images in the background as well such as a gun, a grenade, a rice dish, etc. These images tell of the results of war which have caused many people to lose their spouses, to become disabled, and generally to have difficult and impoverished lives. There is no future for their children who drift without homes, food, or comfort. If their lives are like this, then what will their future and the future of their children be like? I have built my picture out of many colors, each of which I have imbued with a meaning linked to the lives of those who have been the victims of war and therefore have become pitiful vagrants. White stands for honesty, black stands for suffering, red stands for difficulty and the need to struggle; the brownish palm color stands for weakness; blue stands for hope (of which there is little); yellow stands for difficulties that must be withstood, and light green stands for oppression and blame.

គំនូរពណ៌ប្រេង លើក្រណាត់ ទំហំ ៦០ × ៨០ ស.ម	Oil on canvas, 60 x 80 cm.

បណ្ដាំសិល្បករ

ARTISTS

## យុន សុវណ្ណារិទ្ធ    KHUN Sovanrith

កើតនៅឆ្នាំ១៩៧៣ ក្នុងក្រុងភ្នំពេញ។ បានរៀនគូរគំនូរជាមួយ Mr. Simon, លោកអ៊ុត រឿន និងលោកតាំង ហោយី។ ចន្លោះឆ្នាំ១៩៩៦-៩៩ ធ្វើការរៃវរនាយកដ្ឋានស្រាវជ្រាវគរុកោសល្យផ្នែកគំនូរសៀវភៅសិក្សាភាសាខ្មែរ។ បច្ចុប្បន្នជាគ្រូបង្រៀនគំនូរនៅក្នុងសាលាគំនូររីយ៉ំ។

Khun Sovanrith was born in Phnom Penh in 1973. He learned to draw and paint from several teachers including Mr. Simon, Uth Roeun and Tang Hor Yi. Khun Sovanrith worked as an illustrator for school books in the Department of Pedagogical Research of the Ministry of Education from 1996 to 1999. Today he is a teacher at the Reyum Art School.

## ចន្ទ ឡៃហេង    CHAN Lay Heng

កើតនៅឆ្នាំ១៩៤២ ក្នុងខេត្តកំពង់ចាម។ បានរៀនគំនូរនៅសាលាចេតា ក្រុងភ្នំពេញ។ សព្វថ្ងៃជាគ្រូបង្រៀននៅមហាវិទ្យាល័យសិល្បៈសូរូប (គំនូរផ្សាយនិងវិចិត្រកម្ម) និងមហាវិទ្យាល័យបុរាណវិទ្យា។ ធ្លាប់ចូលរួមពិព័រណ៍ដើមទសវត្សរ៍៦០ នៅបណ្ណាល័យអាមេរិកកាំង។ ពីឆ្នាំ១៩៦០-៧៥ ចូលរួមតាំងពិព័រណ៍ជារៀងរាល់ឆ្នាំនៅក្នុងសមាគមសិល្បៈវិចិត្រករខ្មែរ នៅសាលពិព័រណ៍អចិន្ត្រៃយ៍ជាតិ និងនៅ Maison de France។ នៅពេលថ្មីៗនេះបានចូលរួមតាំងពិព័រណ៍ វប្បធម៌សន្តិភាព កម្ពុជា-ថៃ នៅក្រុងបាងកក-ភ្នំពេញ។

Chan Lay Heng was born in Kompong Cham Province in 1942. He studied at the School of Fine Arts in Phnom Penh and has taught poster design and painting for many years in the Department of Fine Arts as well as more recently in the Department of Archaeology. Chan Lay Heng exhibited his paintings during the early 1960s at the American Library in Phnom Penh. He participated in the annual exhibitions of the Association of Khmer Artists from 1960 through 1975, as well as showing his work in exhibitions at the Maison de France and the Permanent National Exhibition Hall. Recently he participated in a cultural exchange and exhibition promoting friendship between Thai and Cambodian artists.

## ចន្ទ វិតា្ថរិន្ទ    CHAN Vitharin

កើតនៅឆ្នាំ១៩៧៥ ក្នុងក្រុងភ្នំពេញ។ ពីឆ្នាំ១៩៨៦-១៩៩៦ បានរៀននៅមហាវិទ្យាល័យសិល្បៈសូរូប ផ្នែកគំនូរបុរាណ ហើយបានបន្តការសិក្សាថ្នាក់ឧត្តមផ្នែកគំនូរវិចិត្រកម្ម និងសិក្សាផ្នែកថតរូបជាមួយលោក Thierry Diwo ឧបត្ថម្ភដោយ Arts Cambodge។ ពីឆ្នាំ១៩៩៨មកដល់បច្ចុប្បន្នជាគ្រូបង្រៀនផ្នែកថតរូបនៅមហាវិទ្យាល័យសិល្បៈសូរូប។ ធ្លាប់បានចូលរួមក្នុងពិព័រណ៍គំនូរនិងរូបថតជាច្រើនដងនៅក្នុងទីក្រុងភ្នំពេញ។

Chan Vitharin was born in Phnom Penh in 1975. He studied traditional painting and then representational painting at the Department of Plastic Arts of the Royal University of Fine Arts in Phnom Penh from 1986 to 1996, while also training in photography under Thierry Diwo and participating in various workshops organised by Arts Cambodge. Since 1998, Chan Vitharin has taught photography at the Department of Plastic Arts of the Royal University of Fine Arts; he has shown his photography and paintings at the French Cultural Center and other venues in Phnom Penh.

## ឈឿន រិន្ធី   CHHOEUN Rithy

កើតនៅឆ្នាំ១៩៦៥ ក្នុងខេត្តកំពង់ឆ្នាំង។ បានរៀននៅសាលាវិចិត្រសិល្បៈផ្នែកគំនូរផ្សព្វផ្សាយឆ្នាំ ១៩៨០-៨៥។ ពីឆ្នាំ១៩៨៥-៩២ រៀននៅវិទ្យាស្ថានសិល្បៈសូរូប (មុខជំនាញគំនូរវិចិត្រកម្ម) នៅក្រុងគៀវ នៃប្រទេសអ៊ុយក្រែន។ ពីឆ្នាំ១៩៩២ មកដល់បច្ចុប្បន្ន ជាគ្រូបង្រៀនផ្នែកគំនូរវិចិត្រកម្មនៅមហាវិទ្យាល័យសិល្បៈសូរូប។ ធ្លាប់បានចូលរួមពិព័រណ៍នៅក្នុងក្រុងភ្នំពេញ ក្រុងមូស្គូ និងអ៊ុយក្រែន។

Chhoeun Rithy was born in Kompong Chhnang Province in 1965. He studied poster design at the School of Fine Arts in Phnom Penh from 1980 to 1985. From 1985 to 1992, Chhoeun Rithy studied painting at the Art Academy in Kiev, Ukraine (then the Soviet Union). Since 1992, Chhoeun Rithy has taught painting at the Department of Plastic Arts of the Royal University of Fine Arts in Phnom Penh. He has exhibited his paintings in Moscow, Ukraine, and Phnom Penh.

## ឈឹម សុធី   CHHIM Sothy

កើតនៅឆ្នាំ១៩៦៩ ក្នុងខេត្តកណ្ដាល។ បានសិក្សាមុខវិជ្ជាសិល្បៈគំនូរបុរាណ, គំនូរផ្សព្វផ្សាយ, គំនូរទំនើប នៅមហាវិទ្យាល័យសិល្បៈសូរូប ក្រុងភ្នំពេញពីឆ្នាំ១៩៨៥-៩៦។ បច្ចុប្បន្នជាប្រធានការិយាល័យសិក្សាឯកទេសសិល្បៈសូរូបនៃនាយកដ្ឋានសិល្បៈសូរូបនិងសប្បកម្ម។ ធ្លាប់បានចូលរួមពិព័រណ៍ជាច្រើននៅក្រុងភ្នំពេញ, ប្រទេសវៀតណាម, សិង្ហបុរី និងសហរដ្ឋអាមេរិក។ ធ្លាប់ទទួលចំណាត់ថ្នាក់លេខ១ ពីរដងក្នុងមហាស្រពជាតិសិល្បៈគំនូរបុរាណ។

Chhim Sothy was born in Kandal Province in 1969. He studied traditional painting, poster design, and modern painting at the Department of Plastic Arts, Royal University of Fine Arts from 1985 to 1996. Today, Chhim Sothy heads the Office of Technical Studies of the Department of Plastic Arts and Crafts within the Ministry of Culture and Fine Arts. He has exhibited his paintings in many exhibitions in Phnom Penh as well as in Hanoi (Vietnam), Singapore, and the United States of America. He has been awarded first prize in traditional painting twice on the occasion of the National Festival of Art.

## ឌួង សារី   DUONG Saree

កើតនៅឆ្នាំ១៩៥៧ ក្នុងក្រុងភ្នំពេញ។ នៅឆ្នាំ១៩៧០ បានរៀនគូរគំនូរបុរាណនៅមហាវិទ្យាល័យសិល្បៈសូរូបនៃសាកលវិទ្យាល័យភូមិន្ទវិចិត្រសិល្បៈ ក្រុងភ្នំពេញ។ ពីឆ្នាំ ១៩៧៩-៨១ ធ្វើការនៅអភិរក្សប្រាសាទបុរាណសារមន្ទីរ និងទេសចរណ៍។ ពីឆ្នាំ១៩៨៦ ដល់សព្វថ្ងៃ ជាគ្រូបង្រៀនផ្នែកគំនូរបុរាណនៅមហាវិទ្យាល័យសិល្បៈសូរូប និងជាគ្រូបង្រៀនគំនូរនៅសាលាគំនូររយំ។

Duong Saree was born in Phnom Penh in 1957. She studied traditional painting in the Department of Plastic Arts of the Royal University of Fine Arts in the early 1970s. From 1979 to 1981, she worked for the Department of Ancient Temples, Museums and Tourism. Since 1982, she has taught traditional painting at the Department of Plastic Arts. She also teaches at the Reyum Art School.

## ទុំ សារែន    TUM Saren

កើតនៅឆ្នាំ១៩៥៧ ក្នុងខេត្តកណ្តាល។ បានទៅរៀននៅមហាវិទ្យាល័យសិល្បៈសូរូបនៅទីក្រុងហូជីមិញឆ្នាំ១៩៨០-៩១ ទទួលសញ្ញាប័ត្រ M.F.A ខាងវិចិត្រកម្ម និងខួកស្ថាច់។ បច្ចុប្បន្នជាគ្រូបង្រៀននៅមហាវិទ្យាល័យសិល្បៈសូរូប។ ធ្លាប់ចូលរួមពិព័រណ៍ Philip Morris Art Awards និងពិព័រណ៍នៅប្រទេសសិង្ហបុរី ឥណ្ឌូនេស៊ី កូរ៉េខាងជើង ថៃ និងវៀតណាម។ ធ្លាប់ទទួលរង្វាន់លេខ១ ផ្នែកគំនូរពណ៌ក្នុងពិព័រណ៍នៅសណ្ឋាគារសារ៉េវ៉េ និងរង្វាន់លេខ២ ក្នុងមហោស្រពជាតិគំនូរសម័យ។

Tum Saren was born in Kandal Province in 1957. He studied at the University of Fine Arts in Ho Chi Minh City (Vietnam) from 1980 to 1991, receiving an MFA in painting and lacquer work. He is presently a lecturer of painting at the Department of Plastic Arts, Royal University of Fine Arts, Phnom Penh. He has exhibited extensively in Asia over the last few years, participating in the Philip Morris Art Awards Exhibitions and displaying his paintings in Singapore, Indonesia, North Korea, Thailand and Vietnam.

## ប៉េច សុង    PECH Song

កើតនៅឆ្នាំ១៩៤៨ ក្នុងខេត្តកណ្តាល។ ពីឆ្នាំ១៩៦៥-៧១ បានរៀននៅមហាវិទ្យាល័យសិល្បៈសូរូបនៃសាកលវិទ្យាល័យភូមិន្ទវិចិត្រសិល្បៈ។ ក្រោយមកបានធ្វើការជាជាងគំនូរសម្រាប់របបនយោបាយគ្រប់ដំណាក់។ ពីឆ្នាំ១៩៩២ មកដល់បច្ចុប្បន្ន ជាគ្រូបង្រៀននៅមហាវិទ្យាល័យសិល្បៈសូរូប និងមហាវិទ្យាល័យស្ថាបត្យកម្ម និងនគរូបនីយវិទ្យា នៃសាកលវិទ្យាល័យភូមិន្ទវិចិត្រសិល្បៈ និងជាប្រធានការិយាល័យគ្រប់គ្រងសិប្បកម្មសិល្បៈសូរូបនៃសាលាក្រុងភ្នំពេញ។ ធ្លាប់ចូលរួមក្នុងពិព័រណ៍ជាច្រើននៅក្រុងភ្នំពេញ វៀតណាម ឥណ្ឌូនេស៊ី ថៃ បារាំង និងសហរដ្ឋអាមេរិក។

Pech Song was born in Kandal Province in 1948. He studied painting at the Department of Plastic Arts of the Royal University of Fine Arts from 1965 to 1971 and then worked as a painter for the various subsequent political regimes. Pech Song has taught painting in the Department of Plastic Arts since 1992 and more recently has taught drawing in the Department of Architecture of the Royal University of Fine Arts. He is also in charge of art and artisanal enterprises in the city of Phnom Penh. Pech Song has exhibited his work widely in Phnom Penh, Vietnam, Indonesia, Thailand, France and the United States of America.

## ប្រហ្ម វិចិត្រ    PROM Vichet

កើតនៅឆ្នាំ១៩៥៦ ក្នុងខេត្តកណ្តាល។ ធ្លាប់រៀនគូរគំនូរតាមលក្ខណៈឯកជនជាមួយគ្រូមួយចំនួន។ ជាគ្រូបង្រៀនថ្នាក់បឋមសិក្សានិងមធ្យមសិក្សាតាំងពីសវត្សរ៍៨០ ហើយជាអ្នកទទួលខុសត្រូវផ្នែកបង្កើតសម្ភារៈបច្ចេកទេសសិក្សានៅក្នុងសាលា។ បច្ចុប្បន្នជាបុគ្គលិកអង្គការទស្សន៍ពិភពលោកអន្តរជាតិ-កម្ពុជាផ្នែកទំនាក់ទំនង មុខងារជាវិចិត្រករ និងជាមន្ត្រីនាយកដ្ឋានស្រាវជ្រាវគរុកោសល្យផ្នែកអក្សរសាស្ត្រ និងវិចិត្រសិល្បៈនៃក្រសួងអប់រំយុវជននិងកីឡា។

Prom Vichet was born in Kandal Province in 1956. He studied painting privately with a series of teachers. Throughout the 1980s, Prom Vichet taught primary and secondary school and was responsible for creating teaching materials for schools. Today he works as an illustrator for World Vision and is a member of the Research and Pedagogy Department (literature and art section) of the Ministry of Education, Sports and Youth.

## ភី ចាន់ថន    PHY Chan Than

កើតនៅឆ្នាំ១៩៦២ ក្នុងក្រុងភ្នំពេញ។ បានរៀនគំនូរបុរាណនៅសាលាវិចិត្រសិល្បៈក្នុងទសវត្ស៨០ ហើយបានទៅបន្តការសិក្សានៅប្រទេសហុងគ្រីនៅ Academy of Fine Arts (Budapest) ពីឆ្នាំ១៩៨៦ ដល់១៩៩២។ បច្ចុប្បន្នជាគ្រូបង្រៀនផ្នែកគំនូរវិចិត្រកម្ម នៅមហាវិទ្យាល័យសិល្បៈសូនរូប។ ធ្លាប់ចូលរួមពិព័រណ៍នៅក្រុងភ្នំពេញ និងនៅប្រទេសម៉ាឡេស៊ី សិង្ហបុរី ឥណ្ឌូនេស៊ី និងថៃ។

Phy Chan Than was born in Phnom Penh in 1962. He studied traditional painting at the School of Fine Arts in Phnom Penh in the early 1980s. He then studied painting at the Academy of Fine Arts in Budapest, Hungary. Today Phy Chan Than is a lecturer of painting at the Department of Plastic Arts of the Royal University of Fine Arts. His work has recently been exhibited in Cambodia, Thailand, Malaysia, Singapore, and Indonesia.

## វ៉ាន់ ណាត    VANN Nath

កើតនៅឆ្នាំ១៩៤៦ ក្នុងខេត្តបាត់ដំបង។ បានរៀនផ្ទាំងគំនូរនៅខេត្តបាត់ដំបងក្នុងទសវត្ស ៦០។ គេស្គាល់លោកវ៉ាន់ ណាត តាមរយៈផ្ទាំងគំនូរដាច្រើនស្តីអំពីការធ្វើទារុណកម្មនៅក្នុងគុកទួលស្លែងដែលលោកបានគូរនៅឆ្នាំ១៩៨០-៨១។ លោកធ្លាប់បានចូលរួមពិព័រណ៍នៅក្នុងស្រុកខ្មែរ និងនៅបរទេសមួយចំនួន។

Vann Nath was born in Battambang Province in 1946 and trained as a sign painter in Battambang in the 1960s. He was imprisoned by the Khmer Rouge in Tuol Sleng Prison. After 1979 he completed the series of paintings depicting scenes from the prison which are still exhibited in the Tuol Sleng Museum today. Recently Vann Nath's work has been included in several group exhibitions in Cambodia and abroad.

## វេន សារ៉ាត់    VENN Savat

កើតនៅឆ្នាំ១៩៦៨ ក្នុងខេត្តកណ្តាល។ បានរៀននៅសាលាវិចិត្រសិល្បៈផ្នែកគំនូរវិចិត្រកម្មជំនាន់ទី១ នៅឆ្នាំ១៩៧៩។ បានប្រកបការងារជាវិចិត្រករហូតមកដល់បច្ចុប្បន្ន។

Venn Savat was born in Kandal Province in 1968. He studied painting as a member of the first class to enter the School of Fine Arts following the fall of the Khmer Rouge regime. Since graduating from the School, he has worked as a painter.

## សា ពិសិដ្ឋ    SA Piseth

កើតនៅឆ្នាំ១៩៦៧ ក្នុងខេត្តកណ្ដាល។ បានរៀនគូរគំនូរនៅសាលារិចិត្រសិល្បៈ និងបាន ទទួលសញ្ញាប័ត្រ M.F.A ពី Academy of Fine Arts, Gdansk, Poland នៅឆ្នាំ១៩៩៩។ ក្រោយមកធ្វើការនៅក្រុមហ៊ុនស្ថាបត្យកម្មនៅប្រទេសប៉ូឡូញ និងទើបតែត្រឡប់មកស្រុកខ្មែរ វិញ។ ធ្លាប់ចូលរួមពិព័រណ៍នៅប្រទេសប៉ូឡូញ អាល្លឺម៉ង់ និងស្រុកខ្មែរ។

Sa Piseth was born in Kandal Province in 1967. He studied painting at the School of Fine Arts in Phnom Penh before going to study at the Academy of Fine Arts in Gdansk, Poland from which he received his MFA in 1999. Sa Piseth worked in an architecture office in Poland before recently returning to Cambodia. He has exhibited his work in Poland, Germany, and now Cambodia.

## សាយ សារ៉េត    SAY Saret

កើតនៅឆ្នាំ១៩៦៣ ក្នុងខេត្តកណ្ដាល។ បានរៀនក្នុងសាលារិចិត្រសិល្បៈឆ្នាំ១៩៧៩-១៩៨៧ ផ្នែកខុតស្លាច់ និងបន្តការសិក្សាថ្នាក់បណ្ឌិតផ្នែកគំនូរវិចិត្រកម្ម។ បច្ចុប្បន្នជាសាស្ត្រាចារ្យ នៃ សាកលវិទ្យាល័យភូមិន្ទវិចិត្រសិល្បៈ។ ធ្លាប់បានចូលរួមក្នុងពិព័រណ៍នៅក្នុងភ្នំពេញ និង ប្រទេសថៃ។

Say Saret was born in Kandal Province in 1963. He studied lacquer mask making and painting at the School of Fine Arts in Phnom Penh from 1979 to 1987. Today he is a teacher at the Department of Plastic Arts of the Royal University of Fine Arts, Phnom Penh. He has exhibited his work in Phnom Penh and Thailand.

## សឿង វណ្ណារ៉ា    SOEUNG Vannara

កើតនៅឆ្នាំ១៩៦២ ក្នុងខេត្តកណ្ដាល។ បានរៀននៅក្នុងសាលារិចិត្រសិល្បៈ ក្នុងភ្នំពេញនិង ទៅបន្តការសិក្សានៅប្រទេសប៉ូឡូញ ហើយបានទទួលសញ្ញាប័ត្រ M.F.A ពី Academy of Fine Arts, Warsaw, Poland នៅឆ្នាំ១៩៩៥។ បច្ចុប្បន្នជាគ្រូបង្រៀនផ្នែកគំនូរវិចិត្រកម្មនៅ មហាវិទ្យាល័យសិល្បៈសូរូបៈ។ ធ្លាប់ចូលរួមពិព័រណ៍នៅក្នុងស្រុកខ្មែរនិងនៅប្រទេស ម៉ាឡេស៊ី សិង្ហបុរី ឥណ្ឌូនេស៊ី ថៃ និងជប៉ុន។

Soeung Vannara was born in Kandal Province in 1962. He studied at the School of Fine Arts in Phnom Penh during the early 1980s. He later was sent to Poland to study at the Academy of Fine Arts in Warsaw from which he received his M.F.A in "monumental painting" (fresco and wall painting) in 1995. He is currently a lecturer in painting at the Department of Plastic Arts of the Royal University of Fine Arts. His work has recently been exhibited in Cambodia, Thailand, Malaysia, Singapore, Indonesia, and Japan.

### ស៊ុស្តី សុដាវី    SUOS Sodavy

កើតនៅឆ្នាំ១៩៥៥ ក្នុងខេត្តកណ្តាល។ ឆ្នាំ១៩៨៥-៩៤ រៀនគូរគំនូរនៅទីក្រុងប៊ុយដាប៉ែស ប្រទេសហុងគ្រី។ បច្ចុប្បន្នជាអនុប្រធាននាយកដ្ឋានសិល្បៈសូរូបនិងសិប្បកម្ម។ ធ្លាប់ចូលរួម តាំងពិព័រណ៍ក្នុងស្រុកខ្មែរ និងនៅប្រទេសហុងគ្រី វៀតណាម និងថៃ។

Suos Sodavy was born in Kandal Province in 1955. From 1985 to 1994, Suos Sodavy studied painting at the Academy of Fine Arts in Budapest, Hungary. Today he is vice-director of the Department of Plastic Arts and Crafts (Ministry of Culture and Fine Arts). Suos Sodavy has exhibited his work in Cambodia, Hungary, Vietnam and Thailand.

### សំ សុផន    SOM Sophon

កើតនៅឆ្នាំ១៩៦១ ក្នុងខេត្តកំពង់ចាម។ បានចូលរៀននៅសាលាវិចិត្រសិល្បៈជំនាន់ទី១ ក្នុង ឆ្នាំ១៩៨០-៨៥ ផ្នែកគំនូរផ្សាយ។ ឆ្នាំ១៩៨៧រហូតដល់បច្ចុប្បន្នជាគ្រូបង្រៀនផ្នែកគំនូរវិចិត្រ កម្មនៅមហាវិទ្យាល័យសិល្បៈសូរូប នៃសាកលវិទ្យាល័យភូមិន្ទវិចិត្រសិល្បៈ។ ធ្លាប់ចូល រួមក្នុងពិព័រណ៍នៅក្រុងភ្នំពេញ និងប្រទេសថៃ។

Som Sophon was born in Kompong Cham Province in 1961. He studied painting at the School of Fine Arts in Phnom Penh between 1980 and 1985. Since 1987, he has been a painting teacher at the Department of Plastic Arts of the Royal University of Fine Arts. He has painted portraits and representational paintings for many clients in Cambodia and abroad and has shown his work in exhibitions in Phnom Penh and Thailand.

### ស្វាយ កេន    SVAY Ken

កើតនៅឆ្នាំ១៩៣៣ ក្នុងខេត្តតាកែវ។ បានធ្វើការនៅ Hotel Le Royal ក្រុងភ្នំពេញមាន មុខងារជាអ្នកបម្រើ និងធ្វើការផ្សេងៗទៀតអស់រយៈពេល៣៤ឆ្នាំ។ អំឡុងពេលធ្វើការនៅ Hotel Le Royal ឆ្នាំ១៩៩៣ បានចាប់ផ្តើមគូរគំនូរពីជីវិតរស់នៅរបស់ប្រជាជនខ្មែរដែល លោកបានគ្រោងទុកជារៀងរាល់ថ្ងៃ។ បានតាំងពិព័រណ៍លើកដំបូងនៅ New Art Gallery ក្នុងក្រុងភ្នំពេញឆ្នាំ១៩៩៤ ហើយមិនយូរប៉ុន្មាន ស្នាដៃរបស់លោកបានជ្រើសរើសឲ្យចូលរួម នៅក្នុងពិព័រណ៍ Fukuoka Art Triennale ជាលើកដំបូង ហើយអត្ថបទដែលនិយាយពីស្នាដៃរបស់លោកបានចេញ ផ្សាយជាច្រើនច្បាប់តាមរយៈកាសែត Asian Art News, Vietnam Times និង The New York Times។

Svay Ken was born in 1933 in Takeo Province and came to Phnom Penh to work at Hotel le Royal where he served as a waiter and handyman for 34 years. In the 1980s, while he was still working at the Hotel, Svay Ken began to make sketches of everyday Cambodian life and then to paint. His work was first exhibited at the New Art Gallery in Phnom Penh in 1994. Since then, Svay Ken's work has been chosen to represent Cambodia at the 1st Fukuoka Art Triennale and has been included in numerous exhibitions in Cambodia and abroad. Articles on his work have appeared in many publications including *Asian Art News* and *The New York Times*.

## ហេន សុផល    HEN Sophal

កើតនៅឆ្នាំ១៩៥៨ ក្នុងទីក្រុងភ្នំពេញ។ ពីឆ្នាំ១៩៨៦ដល់ឆ្នាំ១៩៨៥ រៀននៅសាលាវិចិត្រសិល្បៈ។ បច្ចុប្បន្នជាបុគ្គលិកផ្នែកគំនូរវិចិត្រកម្មនៃក្រសួងវប្បធម៌និងវិចិត្រសិល្បៈ ហើយមានបើកវិចិត្រសាលលក់វត្ថុសិល្បៈគ្រប់ប្រភេទ (ហេន សុផលវិចិត្រសាល)។ ធ្លាប់ចូលរួមតាំងពិពរណ៍ជាច្រើនក្នុងក្រុងភ្នំពេញ និងប្រទេសថៃ ឆ្នាំ២០០០។

Hen Sophal was born in Phnom Penh in 1958. He studied painting at the School of Fine Arts from 1982 to 1985. Hen Sophal opened his own painting shop across from the National Museum in 1990; he also works as a painter for the Ministry of Culture and Fine Arts. He has exhibited his work in exhibitions in Phnom Penh and in Thailand.

## ឡុង សោភា    LONG Sophea

កើតនៅឆ្នាំ១៩៦៥ ក្នុងក្រុងភ្នំពេញ។ ឆ្នាំ១៩៨០-៨៥ បានសិក្សាគំនូរបុរាណនៅសាលាវិចិត្រសិល្បៈផ្នែកសូនរូប។ ឆ្នាំ១៩៨៦-៩២ សិក្សា M.F.A ខាងតុបតែងលំអលើក្រឿងសង្ហារឹមផ្នែកតុណាត់នៃស្ថាបត្យកម្មនៅវិទ្យាស្ថានជាន់ខ្ពស់វិចិត្រសិល្បៈនៃឧស្សាហកម្មក្រុងមូស្គូ។ ពីឆ្នាំ១៩៩៣ មកដល់បច្ចុប្បន្នជាសាស្ត្រាចារ្យផ្នែកតុបតែងលំអនៃស្ថាបត្យកម្មនៅមហាវិទ្យាល័យសិល្បៈសូនរូប នៃសាកលវិទ្យាល័យភូមិន្ទវិចិត្រសិល្បៈ ក្រុងភ្នំពេញ។ ធ្លាប់បានចូលរួមក្នុងពិពរណ៍ Fukuoka Art Triennale លើកទី២នៅប្រទេសជប៉ុន ឆ្នាំ២០០៦, ពិពរណ៍ចុងបញ្ចប់នៃការលូតលាស់នៅទីក្រុងចាងកកនិនថៃឆ្នាំ២០០១ និងពិពរណ៍ផ្សេងៗទៀតនៅក្នុងក្រុងភ្នំពេញ។

Long Sophea was born in Phnom Penh in 1965. She studied traditional painting at the School of Fine Arts in Phnom Penh from 1980 to 1985. She then completed her MFA in fabric design at the Institute of Industrial and Fine Art in Moscow (the former Soviet Union) from 1986-1992. Since 1993, Long Sophea has taught design and interior decoration at the Department of Plastic Arts, Royal University of Fine Arts. Her work has been exhibited in Phnom Penh as well as in the recent exhibitions "The End of Growth" (Chiang Mai, Thailand 2002) and the 2nd Fukuoka Art Triennale (Fukuoka, Japan, 2002).

## ឱក ប៊ុណ្ណារ័ត្ន    OK Bunnarath

កើតក្នុងឆ្នាំ១៩៦៦ នៅភ្នំពេញ។ ឆ្នាំ១៩៨៥បានរៀននៅសាលាវិចិត្រសិល្បៈសូនរូប ផ្នែកគំនូរវិចិត្រកម្ម។ បច្ចុប្បន្នធ្វើការនៅនាយកដ្ឋានសិល្បៈសូនរបនិងសិប្បកម្ម។ ធ្លាប់បានចូលរួមក្នុងពិពរណ៍ខ្លះៗនៅក្នុងទីក្រុងភ្នំពេញ។

Ok Bunnarath was born in 1966 in Phnom Penh. He studied painting at the School of Fine Arts during the mid-1980s. Today he works in the Department of Art and Artisans of the Ministry of Culture and Fine Arts as well as making his own art work. He has exhibited his work in exhibitions in Phnom Penh.